跨学科学习
教学指南和设计案例

李晶晶　等　编著

中国原子能出版社

图书在版编目（CIP）数据

跨学科学习教学指南和设计案例 / 李晶晶等编著
. -- 北京：中国原子能出版社，2022.12
　　ISBN 978-7-5221-2492-6

　　Ⅰ.①跨… Ⅱ.①李… Ⅲ.①小学教育－教育研究
Ⅳ.① G622.0

中国版本图书馆 CIP 数据核字（2022）第 236926 号

跨学科学习教学指南和设计案例

出版发行　中国原子能出版社（北京市海淀区阜成路 43 号 100048）
责任编辑　张　磊
责任印制　赵　明
印　　刷　北京金港印刷有限公司
经　　销　全国新华书店
开　　本　787 毫米 ×1092 毫米　1/16
印　　张　12.375
字　　数　211 千字
版　　次　2022 年 12 月第 1 版
印　　次　2022 年 12 月第 1 次印刷
书　　号　ISBN 978-7-5221-2492-6
定　　价　72.00 元

发行电话：010–68452845　　　　　版权所有　翻印必究

作者简介

　　李晶晶，女，汉族，1981年3月出生，安徽无为人，现就职于岭南师范学院，副教授，硕士研究生。毕业于吉林大学语言学及应用语言学专业，主要研究方向为课程与教学论、教师教育。主持参与各级学术研究课题多项，主编及参编高等院校教材多部，在《中国教育学刊》等国内外学术刊物发表论文20余篇。

前　　言

新时代教育领域的新形势、新问题、新情况不断变化更迭，这促使教育改革不断向纵深推进。2022 年 4 月，教育部颁布了《义务教育课程方案（2022 年版）》。新课程方案提出了"加强课程综合，注重关联"的课程设计原则，指出要"加强课程内容与学生经验、社会生活的联系，强化学科内知识整合，统筹设计综合课程和跨学科主题学习。加强综合课程建设，完善综合课程科目设置，注重培养学生在真实情境中综合运用知识解决问题的能力。开展跨学科主题教学，强化课程协同育人功能"，并在"课程标准编制与教材编写"部分要求"原则上，各门课程用不少于 10% 的课时设计跨学科主题学习"，等等。强化课程的综合育人价值，大力倡导跨学科学习，有效培养学生在真实情境中解决复杂问题的能力，是义务教育新课程的显著特点。

本书以立德树人为育人中心，紧扣《义务教育课程方案（2022 年版）》《义务教育语文课程标准（2022 年版）》《义务教育数学课程标准（2022 年版）》来编写，结合建构主义、人本主义、实用主义和学习维度等理论，融入跨学科学习教学元素，遵循理论联系实践的原则，呈现丰富、详实、可操作性较强的教学设计案例，旨在提高小学教师跨学科学习的教学能力。

本书编写有如下特点：①定位明确。编写指导思想是通过对本书的阅读、学习，能逐步掌握在跨学科学习和教学领域的基础理论，通过对小学语文和小学数学两大领域案例的研习，提高小学跨学科学习和教学实践的技能技巧，提升理论水平，培养教学能力，扩大知识面。②理论与实践相结合。本书遵守先理论后实践的原则，理论阐述充分，层次清晰；案例选取具有代表性，能够体现跨学科学习教学最基本的教学情况；语言通顺流畅，言简意赅满足各层次读者群体的阅读水平。

③针对性强。本书内容涵盖了跨学科学习和教学的两大重要领域。上篇的基础理论部分涉及了跨学科学习和教学中最核心的几个问题，尤其是对课程标准的解读，突破了以往教材的局限性，挖掘更深、更新的角度进行阐述。下篇的设计案例部分介绍了设计理念、设计要素，并从背景设计、目标设计、活动设计、评价设计和实施要点等方面进行案例展示。全书体系完整，特色鲜明，具有较强的科学性和操作性。

本书由李晶晶负责主要编写统稿，李俊怡、廖子彤、刘权辉、何张瑜、苏东媚、谭宇晴负责辅助编写补充。在编写本书的过程中，我们参阅、转引了大量包括《义务教育课程方案（2022 年版）》《义务教育语文课程标准（2022 年版）》《义务教育数学课程标准（2022 年版）》在内的国家级文件，借鉴和学习了许多先哲时贤关于跨学科学习的理论和成果，在此，谨向他们表示深深的敬意和衷心的感谢！

本书虽经认真编写和修改，但是由于时间仓促、水平有限，在观点阐述的学术性和案例呈现的准确性等方面可能存在不足之处，敬请教育专家、学者、读者提出宝贵意见，我们将不胜感激。

编者

2022 年 11 月

目　录

下篇 设计案例

上篇　教学指南

第一章　跨学科学习的课程标准解读

当前，跨学科俨然逐渐变成全球发展、时代演进的新特征，也逐步成为世界范围内教育改革与发展的新路向。我国教育部于 2022 年 4 月发布的《义务教育课程方案和课程标准（2022 年版）》中，跨学科成为高频词，出现近 400 次。《义务教育课程方案（2022 年版）》也首次设立"跨学科主题学习"，要求各门学科开展不低于 10% 课时的跨学科学习，以培养和发展学生核心素养为出发点和落脚点，跨学科学习成为学生胜任未来生活的新要求和新能力。

第一节　内涵作用

一、跨学科学习的内涵

在遵循学科发展规律、教育发展规律的基础上，通过系统的跨学科教学、研究与学习，培养具备复合知识、高阶思维和跨界能力的创新型人才的一种教育活动[①]。在《义务教育课程方案和课程标准（2022 年版）》中，部分学科给出的跨学科课程的实践案例中表现为以一门学科课程为主体，将其他相关学科的知识与方法迁移运用于本次学习活动中，并与"主题课程"进行跨边界融合，培养学生的思维能力和核心素养。

---

① 张炜，魏丽娜，曲辰.全球跨学科教育研究的特征与趋势——基于 Citespace 的数据分析 [J].高等工程教育研究，2020（01）：123-130.

从《义务教育课程方案和课程标准（2022 年版）》中可以看到，教育部并非将跨学科作为一门课程单独列出，而是将跨学科的思想和行动融入了每一门课程当中。其中，在语文学科的拓展型学习任务群中明确提出"跨学科学习"，而在其他学科中则以不同的表述出现，如在数学学科中表述为"综合与实践"主要包括主题活动和项目学习等；在英语学科中表述为"主题群"；在道德与法治学科中表述为"构建综合性课程"，因为道德与法治本身就是一门综合性较强的课程，涵盖了诸多学科内容，更具有跨学科属性；在科学学科中表述为"跨学科概念"；在信息科技学科中表述为"跨学科主题"；在体育与健康学科、历史学科和地理学科中表述为"跨学科主题学习"；在艺术学科中表述为"突出课程综合"；在劳动学科中表述为"注重项目与其他课程紧密结合"；在物理学科、化学学科和生物学科中表述为"跨学科实践"。跨学科学习在不同的课程中虽然以不同的名称出现，但其核心特征不变，即都强调整合来自不同学科之间的知识为学生提供了知识整合情境和运用知识的机会，促使了知识的吸收①。跨学科学习在每一门学科当中都有所体现，可见跨学科学习在本次 2022 版新课程标准的课程内容结构设置中具有重要作用。

二、跨学科学习的重要作用

（一）顺应新时代人的全面发展需求

义务教育课程标准始终坚持课程的育人导向——"培养德智体美劳全面发展的社会主义建设者和接班人"，德智体美劳全面发展就是要求学生能够把多学科的知识综合运用，形成自己的学科综合素养，不再是原来单一的学科知识或技能的掌握，而是强调知识、技能、情感、态度、价值观等的学科综合品质。但在过去 2011 版的《义务教育课程方案和课程标准》的实践中，出现了"知识单一、实践能力差、综合素养不足、偏科……"等问题，不但无益于育人目标的落实，还无益于学生的发展。所以在 2022 版的《义务教育课程方案和课程标准》中优化了课程内容结构。以习近平新时代中国特色社会主义思想为统领，基于核心素养发展要求，遴选重要观念，设计课程内容，增强内容与育人目标的联系，优

---

① 张炜，魏丽娜，曲辰 . 全球跨学科教育研究的特征与趋势——基于 Citespace 的数据分析 [J]. 高等工程教育研究，2020（01）：123-130.

化内容组织形式，首次设立"跨学科主题学习"，要求各门学科开展不低于 10% 课时的跨学科学习。加强学科间的相互关联，带动课程综合化实施，强化实践要求。各学科课程标准基于义务教育培养目标，将党的教育方针具体细化为本课程应着力培养的核心素养，在学科课程育人方面加强学科间的联系，着力培养德智体美劳全面发展的社会主义建设者和接班人。

（二）回应学生面向未来生活提出的诉求

跨学科学习很重要的一个设计初衷是为了弥补分科课程教学的局限性。在传统的教育观念中，为了更好地区别各学科本身的规律和特点，从而设置了学科课程内容，学科之间都是具有明确的分界线的，语文学科有语文学科的教学内容，数学学科有数学学科的教学点，学生完全按照学科的区分独立学习，学生的学科成绩也是独立存在的，所以学生潜移默化下的学习思维就是本学科的知识只能应用于本学科的考试，难以把学习到的学科知识在其他学科中进行迁移运用，而这样的完全独立的学习方式容易把学生的思维和能力割裂开来，无法调动在这一学科中学到的知识来解决在另一学科中遇到的问题。在以往的学科教学中，虽然在系统的单一学科课程在学科知识的掌握上占有优势，但是在现实的生活是复杂的整体，生活中遇到的问题并不是依据学科进行划分的，往往需要多学科的综合运用。尤其是在基础的义务教育阶段，更需要培养学生的解决生活问题能力。所以，跨学科学习既能发挥学科教学的优势，也能弥补其局限，加强学科课程内容与生活的联系、加强与社会生活的联系，培养学生的生活实践能力。

（三）信息时代知识生产和获取方式的变化

现在，我们正处于信息技术 2.0 时代，随着科技的飞速发展，网络的知识信息呈爆炸式增长，学生接受的知识与其个性发展需求也千差万别。知识的获取方式不在限于家长、教师、教材以及相关纸质媒介，一台手机、平板等就能够带领学生获取世界各地的知识。学生在根据自身发展需求和喜好迎接丰富知识的同时，构建的自身的知识储备也各具独特性，每个学生的知识储备都比以往更为复杂。面对如此复杂的学情，学生在学科课程学习中，不能仅限于运用单一的学科知识解决问题，应该进行跨学科学习，把知识进行融通，打开解决问题思路，激活自身在信息时代中积累的知识，在解决真实问题的过程中打通学科知识，主动将解决问题的主体学科知识与其他学科知识进行重新建构，创新解决问题的方法与技能，充分发展学科思维和学科素养，培养核心素养。

（四）传统的分科教学无法应对复杂的国际形势

面对当下纷繁复杂的国际形势和国家诸多卡脖子的科学技术难题，基础研究和科研自主创新的重要性不言而喻。教育作为国家发展的重要基石，培养学生的创新能力势在必行。创新通常依赖于不同问题和学科之间的思想融合，从而产生新的结果。跨学科学习能够打破学科边界，在多学科融合中创造出更多的可能，易于产生新的发现，培养学生的创新思维，这对于学生未来解决复杂现实世界中的问题和成为创新型人才有着重要的帮助。

（五）国际教育聚焦素养的生成

素养是在真实的复杂情景下解决问题的能力，是能够把事情做成功的能力。核心素养是个人在信息化、全球化、学习型社会、面对当前日益复杂的社会问题情境时，需要具备综合运用所学知识、观念、方法的关键能力，因而必须要进行跨学科学习。2021 年 11 月 10 日，联合国教育、科学及文化组织于第 41 届大会上面向全球发布《共同重新构想我们的未来：一种新的教育社会契约》（Reimagining Our Futures Together: A New Social Contract Education）报告，探讨和展望了面向未来乃至 2050 年的教育。其中在革新教育部分明确提出，课程应注重生态、跨文化和跨学科学习，以助学生获取和创造知识，同时培养其批判和应用知识的能力。课程内容必须包含从生态学角度去理解人类，重新平衡我们与地球这颗生命星球兼人类唯一家园之间的关系。为抵制错误信息的传播，应普及科学素养、数字素养和人文素养并培养辨别真伪的能力。教育内容、教育方法和教育政策应促进积极的公民意识和民主参与[①]。

由此可见，无论从学生的全面发展需求、面对未来现实生活、信息时代知识生产和获取的变化、纷繁复杂的国际形势，还是从当前国际倡导的培养方向来看，跨学科学习的必要性都不言而喻，是当今知识观、教育目的观、学习观等转型的重要途径，是面向真实世界的学习。

---

① 林可，王默，杨亚雯.教育何以建构一种新的社会契约？——联合国教科文组织《一起重新构想我们的未来》报告述评 [J]. 开放教育研究，2022，28（01）：4-16.

第二节　内容规定

跨学科学习的内容不同于学科课程的内容。学科课程的内容主要是依据各学科课程标准和书本课程进行系统编排的，但跨学科学习的内容往往不是已经预设好的，而是基于教师对主体学科教材的把握、学生的学情和兴趣进行分析的基础上，找寻学生思维和能力的增长点，从而找到真正贴合学生发展的其他学科与主体学科，通常以创设真实情境的方式把主体学科和其他各学科进行融合，从而形成跨学科学习的内容。

下面将以语文学科和数学学科为例对内容规定、方式要求作简要解读。

一、《义务教育小学语文课程标准（2022年版）》的内容规定

本学习任务群旨在引导学生在语文实践活动中，联结课堂内外、学校内外，拓宽语文学习和运用领域；围绕学科学习、社会生活中有意义的话题，开展阅读、梳理、探究、交流等活动，在综合运用多学科知识发现问题、分析问题、解决问题的过程中，提高语言文字运用能力。

（一）【学习内容】

1. 第一学段（一至二年级）

（1）围绕爱图书、爱文具、爱学习等主题，走进图书馆、阅览室、书店、文具店，在借用、购买、整理图书和文具的过程中，学习识字、说话、计算、设计、美化，学习与他人沟通、交流，养成爱书、爱文具的好习惯。

（2）在班级、学校或家里养护一种绿植或者小动物。综合运用语文、科学、数学等多学科知识，学习日常观察和记录。

（3）参与学校、社区举办的节日和风俗活动，留意身边的传统节日、风俗习惯等文化现象，感受和学习生活中的中华优秀传统文化。

2.第二学段（三至四年级）

（1）尝试运用科学、艺术、信息科技等相关知识和技能，富有创意地设计并主动参与朗诵会、故事会、戏剧节等校园活动。

（2）参观物质文化遗产，了解非物质文化遗产；关注传统节日节气、民俗风情、民间工艺、历史和传说等；探寻日常生活中龙凤、松竹梅兰等中华文化意象。积极参加学校、社区举办的文化主题活动，在活动中学习语文，获得多样的文化体验。

（3）选择自己发现和关心的日常语言、行为、校园卫生、交通安全、家庭教育等方面的问题进行调查研讨，尝试写出简单的研究报告，与同学交流。

3.第三学段（五至六年级）

（1）积极参加校园文化社团，参与学校和社区举办的戏曲、书法、篆刻、绘画、刺绣、泥塑、民乐等相关文化活动，体验、感知、传承中华优秀传统文化，运用多种形式分享自己的经验与感受。

（2）综合运用语文、道德与法治、科学、劳动等多方面的知识和技能，通过小组研讨，集体策划、设计参观考察活动方案，运用跨媒介形式分享研学成果。

（3）选取衣食住行、学校、地球、太空等某个方面，设计人工智能时代的未来生活，运用多样形式丰富自己的语言表达，呈现与分享奇思妙想。

（二）【教学提示】

（1）充分发挥跨学科学习的整体育人优势，增强跨学科学习的计划性和目标意识。根据不同学段学生生活的范围、学习兴趣和能力，精心选择学习主题和内容，组织、策划多样的学习活动。考虑每学期的课时安排，把握活动周期和难度。第一至第三学段以观察、记录、参观、体验为主，第四学段以设计、参与、调研、展示为主。

（2）要引导学生在广阔的学习和生活情境中学语文、用语文，提高交流沟通、团队协作和实践创新能力。注意引导学生掌握问题探究的基本步骤和方法，学会提炼、表达、呈现学习成果，着重培养学生综合运用多学科知识解决实际问题的能力。

（3）要拓展学习资源，增强跨学科学习的综合性和开放性。充分利用图书馆、互联网、社区生活场景、文化场馆等，为学生开展跨学科学习提供必要的支持；也可以结合学校和社区开展的文化活动进行语文跨学科学习。

（4）评价主要以学生在各类探究活动中的表现，以及活动过程中完成的方案、海报、调研报告、视频资料等学习成果为依据。教师可以针对主要学习环节和内容制订评价量表，邀请相关学科教师、家长、社会人士参与评价。评价要关注学生综合运用多学科知识思考问题、解决问题的态度和能力。评价以鼓励为主，既充分肯定学生的发现和创造，又引导学生自我反思提升，不断提高跨学科学习的质量 ① 。

二、《义务教育小学数学课程标准（2022 年版）》的内容规定

综合与实践是小学数学学习的重要领域。学生将在实际情境和真实问题中，运用数学和其他学科的知识与方法，经历发现问题、提出问题、分析问题、解决问题的过程，感悟数学知识之间、数学与其他学科知识之间、数学与科学技术和社会生活之间的联系，积累活动经验，感悟思想方法，形成和发展模型意识、创新意识，提高解决实际问题的能力，形成和发展核心素养。

综合与实践主要包括主题活动和项目学习等。第一、第二、第三学段主要采用主题式学习，第三学段可适当采用项目式学习。

主题活动分为两类：第一类，融入数学知识学习的主题活动。在这类活动中，学生将学习和理解数学知识，感悟知识的意义，主要涉及量、方向与位置、负数等知识的学习。第二类，运用数学知识及其他学科知识的主题活动。在这类活动中，学生将综合运用数学知识解决问题，体会数学知识的价值，以及数学与其他学科的关联。

在主题活动中，学生将面对现实的背景，从数学的角度发现并提出问题，综合运用数学和其他学科的知识与方法，分析并解决问题。

项目式学习的设计以解决现实问题为重点，综合应用数学和其他学科知识解决问题，体会数学知识的价值，以及数学与其他学科的关联。

---

① 中华人民共和国教育部 . 义务教育语文课程标准：2022 年版 [M]. 北京：北京师范大学出版社，2022：34-36.

在下面三个学段的表述中，为了便于理解，分别列举了主题活动和项目学习的名称及具体活动内容，仅供参考。在教材编写或教学设计时，可以使用不同的主题名称，设计不同的活动内容，但要关注主题内容的选取和学生的接受能力，达到主题活动的内容要求和学业要求。

（一）第一学段（一至二年级）

1.【内容要求】

第一学段综合与实践的主题活动，涉及"认识货币单位，认识时间单位时、分、秒，认识东、南、西、北四个方向"等知识的学习，关注幼小衔接，帮助学生积累数学活动经验。

主题活动1：数学游戏分享

在具体情境中，回顾自己在学前阶段经历的与数学学习相关的活动，唤起数学学习感性认识和学习经验，激发进一步学习数学的兴趣，尝试运用与数学学习相关的词语，逐步养成学习数学的良好习惯。

主题活动2：欢乐购物街

在实际情境中认识人民币，能进行简单的单位换算，了解货币的意义，具有勤俭节约的意识，形成初步的金融素养。

主题活动3：时间在哪里

在生活情境中认识时、分、秒，结合生活经验体会并述说时间的长短，了解时间的意义，懂得遵守时间。

主题活动4：我的教室

在日常生活情境中，会用上、下、左、右、前、后描述物体的相对位置；认识东、南、西、北四个方向。形成初步的空间观念。

主题活动5：身体上的尺子

运用学过的测量长度的知识，发现自己身体上的一些"长度"，利用这些"长度"作为单位，测量空间或其他物体，积累测量经验，发展量感。

主题活动6：数学连环画

结合自己的生活，运用学过的数学知识记录自己的经历，或述说一个含有数学知识的小故事，表达对数量关系的理解，感受数学知识与现实生活的联系。

2.【学业要求】

能够积极参与活动，在活动中能主动表达，并与他人交流，加深对数学知识的理解，感悟数学知识与现实生活的联系，发展对数学的好奇心，提升学习数学的兴趣，初步获得一些数学活动经验。

数学游戏分享。能比较清晰地描述幼儿园和学前生活中的数学活动内容，比较准确地表达自己对数、数量、图形、方位等数学知识的理解；能说明或演示自己玩过的数学游戏内容和规则，在教师的协助下能带领同伴一起玩这些数学游戏。

欢乐购物街。积极投入模拟购物活动，能清晰表达和交流信息，认识元、角、分，知道元、角、分之间的关系；会在真实或模拟的情境中合理使用人民币；在教师的指导下能够反思并述说购物的过程，积累使用货币的经验；形成对货币多少的量感和初步的金融素养。

时间在哪里。认识时、分、秒，能说出钟表上的时间；了解时、分、秒之间的关系，能结合生活经验体会时间的长短；能将生活中的事件与时间建立联系，感悟时间与过程之间的关系；形成对时间长短的量感，懂得遵守时间的重要性。

我的教室。会用上、下、左、右、前、后描述现实生活中物体的相对位置；会用东、南、西、北描述物体所在的方向；给定东、南、西、北四个方向中的一个方向，能辨别其余三个方向；了解物体间位置、方向的相对性，形成初步的空间观念。

身体上的尺子。能运用测量长度的知识，了解身体上的一些"长度"；能用身体上这些"长度"测量教室以及身边某些物体的长度；能记录测量的结果，能与他人交流、分享测量的经验，发展量感。

数学连环画。能简单整理学过的数学知识，思考如何运用数学知识记录自己的经历；能结合生活经验或者通过查阅资料，编写含有数学知识的小故事；能用自己的语言表达数学连环画中数学知识的意义及蕴含的数量关系，能理解他人数学连环画中的数学信息及关系，学会数学化的表达与交流。

3.【教学提示】

为使学生更好地完成从幼儿园阶段到小学阶段的过渡，在学生入学的第1～2周安排"数学游戏分享"主题活动。学生通过介绍自己幼儿园生活中经历的数学活动，表达自己在幼儿园数学活动中的收获，分享在幼儿园玩过的数学游戏，邀请同伴一起做这些数学游戏等，衔接幼儿园与小学生活，顺利开始小学数学的学习。

本学段的综合与实践，涉及货币、时间等常见量的认识，以及方向、位置的学习。应当在具体活动中，引导学生知道货币价值、了解时间意义、辨别方向和位置，丰富对量的体验，形成初步的量感和空间观念，初步积累数学活动经验。

作为综合与实践活动，教学目标除了包含对常见的量的数学知识要求，还要关注学生活动经验的获得和情感态度的发展。例如，"欢乐购物街"，不能将教学目标仅聚焦在"认识人民币，能进行简单的单位换算"，还应考虑将"积极投入模拟购物活动，能清晰表达和交流信息""会在真实或模拟的情境中合理使用人民币""能够反思并述说购物的过程""形成对货币多少的量感和初步的金融素养"等作为主题活动的教学目标。

主题活动的设计提倡多学时的长程学习，可以根据实际情况灵活设计活动内容和形式，有助于学生加深对知识的理解，积累基本活动经验。例如，"欢乐购物街"，可以设计 4 学时完成：第 1 学时回顾生活经验，认识人民币；第 2～3 学时筹备、开展购物活动，可以与学校"数学节"或其他学科的教学活动整合；第 4 学时反思、评价购物活动的收获，积累反思与交流的经验，拓展金融知识。

主题活动的实施要有利于学生的参与和体验。指导应面向全体，全程跟进，关注学生的参与情况，包括获得了什么样的体验，如何与他人交流，需要怎样的帮助等；指导学生反思与交流活动，引导学生描述感受、表达收获、总结发现。

主题活动的评价是综合与实践的重要组成部分，应当关注过程性评价，对照主题活动的教学目标确定评价方式，不仅要关注学生对教学内容的掌握情况，还要关注学生参与活动的程度。例如，"欢乐购物街"，活动之前要了解学生已有的购物经验，确定学生的课前知识基础和经验。第 1 学时，评价学生认识人民币的情况；第 2～3 学时，设计学生自评工具，指导学生关注自身的活动过程；第 4 学时，可组织学生进行反思、互评。

主题活动内容的确立可参照以上案例，依据本学段数学知识的内涵、在生活中的应用，以及与其他学科知识的关联，自主设计形式多样、富有趣味的活动，如纸的厚度、神奇的七巧板、最喜欢的故事书等，帮助学生加深对数学知识的理解，体会数学与现实生活的联系。

（二）第二学段（三至四年级）

1.【内容要求】

第二学段综合与实践的主题活动，涉及"认识年、月、日，认识常用的质量单位，认识方向"等数学知识的学习，在活动中综合运用数学和其他学科知识解决问题。

主题活动1：年、月、日的秘密

知道24时计时法；认识年、月、日，知道它们之间的关系；能运用年、月、日的知识解释生活中的问题，提高初步的应用意识。了解中国古代如何认识一年四季，了解中华优秀传统文化。

主题活动2：曹冲称象的故事

以"曹冲称象"故事为依托，结合现实素材，感受并认识克、千克、吨，以及它们之间的关系，感受等量的等量相等，发展量感和推理意识，积累数学活动经验。

主题活动3：寻找"宝藏"

在生活情境中，认识东北、西北、东南、西南四个方向，了解"几点钟方向"，会描绘物体所在的方向，发展空间观念。

主题活动4：度量衡的故事

知道中国在秦朝统一了度量衡，指导学生查阅资料，理解度量衡的意义，知道最初的度量方法都是借助日常用品，加深对量和计量单位的理解，丰富并发展量感。

2.【学业要求】

能够积极参与活动，在活动中能独立思考问题，主动与他人交流，加深对数学知识以及数学与其他学科关联的理解；经历解决简单实际问题的过程，提高应用意识，积累数学活动经验，感悟数学的价值。

年、月、日的秘密。知道24时记时法与钟表上刻度的关系，能用24时记时法表示时间；知道年、月、日之间的关系，以及相关的简单历法知识；知道一年四季的重要性，了解中国古代是如何通过土圭之法确定一年四季的，培养家国情怀。

曹冲称象的故事。知道"曹冲称象"的故事，形成问题意识。能结合现实素材，感受并认识克、千克、吨，能进行简单的单位换算；理解"曹冲称象"的基本原理是等量的等量相等，能针对具体问题与他人合作制订称重的实践方案，并能在执行方案的过程中不断反思，丰富度量的活动经验。

寻找"宝藏"。在认识东、南、西、北的基础上，能在平面图上认识东北、西北、东南、西南四个方向；能描绘图上物体所在的方向，判断不同物体所在的方向，以及这些方向之间的关联；能把这样的认识拓展到现实场景中，在简单的实际情境中正确判断方位；进一步理解物体的空间方位及物体之间的位置关系，发展空间观念。

了解用"几点钟方向"描述方向的方法及其主要用途，能在现实场景中尝试以站立点为正中心（圆心），以钟表盘 12 个小时的点位来说明方向；能尝试设计符合要求的藏宝图，能从他人的藏宝图中发现、提取信息并解决问题，提高推理意识。

度量衡的故事。会查找资料，理解度量衡的意义，提升学习的意识与能力；了解最初的度量方法都是借助日常用品，理解度量的本质就是表达量的多少，知道计量单位是人为规定的；了解计量单位的发展历史，知道科学发展与度量精确的关系；在教师指导下，能对不同的量进行分类、整理、比较，丰富并发展量感。

3.【教学提示】

第一学段的主题活动，侧重认识日常生活中最常见的量，例如，元、角、分等人民币的量，时、分、秒等时间的量，以及认识东、南、西、北四个方向。第二学段的主题活动，不仅要让学生认识度、量、衡等更为广泛的量，认识年、月、日等更为一般的时间概念，认识八方，还要引导学生尝试用学过的知识解决应用性的数学问题和简单的实际问题，体会数学的价值，提升应用意识；引导学生查阅相关资料，知道中国古代那些与量有关的概念的由来，培养家国情怀，积累学习经验。

主题活动的设计可以考虑问题引领的形式。例如，"曹冲称象的故事"可以从故事引入，引发学生的好奇心和探究的欲望，在理解质量单位的基础上，思考如何运用"总量等于各分量之和"称出一个庞然大物的质量，感知"等量的等量相等"这一基本事实，感悟如何用数学的思维思考现实世界。

与第一学段相同，第二学段也可以设计长程活动，引导学生主动参与、查阅资料、深入思考、得出结论，经历探求解决问题策略的过程，丰富数学学习的经验。例如，"曹冲称象的故事"，可设计 5 学时完成：第 1~2 学时，可以联系学生对物体质量的感觉，帮助学生在体验活动中理解质量单位的意义，了解一些测量物体质量的工具；第 3 ~ 4 学时，可以从"曹冲称象"的故事入手，让学生经历测量物体质量的过程，提出如何测量庞然大物质量的问题，鼓励学生探究度量的策略，培养学生的想象力；第 5 学时，鼓励学生回顾与反思主题活动的过程，分析度量策略的数学原理，感悟两个基本事实，以及如何基于这两个基本事实思考现实世界。

主题活动的评价。在第一学段强调关注过程性评价的基础上，还可以增加关注创新性评价。需要注意的是，只要策略和方法是学生独立或小组讨论得到的，对于学生而言，这样的策略和方法就是创新，就应当予以鼓励。要引导学生经历克服困难获得成功的过程，鼓励学生个体和小组在解决问题的过程中提出独特的策略和方法，激发创造的热情，形成创新意识。

活动实施的保障。对于一些复杂的操作性活动，需要认真准备活动实施所需要的设施，如"曹冲称象的故事"，需要提前收集与质量度量相关的素材，作为学生探究的补充资源；需要准备不同的测量工具，让学生感悟其中的共性和差异；需要了解学生称重实践可能需要的物品（如设计缩小版的"称象"学具）；等等。

第二学段的主题活动涉及综合性、实践性较强的跨学科内容，需要多学科教师协同教学，统筹设计与实施。

与第一学段相同，第二学段也可以自行设计主题活动的内容，但要指向综合数学知识、融合其他学科知识的实际情境和真实问题，设计具有操作性的活动。如制订旅游计划、你有多少根头发、学校中的数学等，引导学生感受数学与其他学科的联系，以及在解决实际问题中的作用，提高应用意识。

（三）第三学段（五至六年级）

1.【内容要求】

第三学段综合与实践包括主题活动和项目学习，涉及"了解负数"等数学知识的学习，在活动中综合运用数学及其他学科知识解决问题，提高应用能力。

主题活动 1：如何表达具有相反意义的量

在熟悉的情境中了解具有相反意义的数量，知道负数在情境中表达的具体意义，感悟这些负数可以表达与正数意义相反的量，进一步发展数感。

主题活动 2：校园平面图

在实际情境中，综合应用比例尺、方向、位置、测量等知识，绘制校园平面简图，标明重要场所；交流绘制成果，反思绘制过程，形成初步的应用意识和创新意识。

主题活动 3：体育中的数学

收集重大体育赛事的信息、某项体育比赛的规则、某运动员的技术数据等素材，提出数学问题，设计问题解决方案；在问题解决的过程中，形成发现、提出、分析、解决问题的能力。

项目学习 1：营养午餐

调查了解人体每日营养需求，几类主要食物的营养成分，感受合理膳食的重要性；调查学校餐厅或自己家庭一周午餐食谱的营养构成情况，提出建议；开展独立活动或小组活动，设计一周合理的营养午餐食谱；形成重视调查研究、合理设计规划的科学态度。

项目学习 2：水是生命之源

调查了解生活中人们使用淡水的习惯及用量，结合淡水资源分布、中国人均淡水占有量、城市生活用水的处理等信息，发现、提出并解决问题；制订校园或家庭节水方案，尝试设计节水工具或方法，提高环保意识，形成初步的应用意识和创新意识。

2.【学业要求】

能够积极参与活动，在活动中能独立思考问题，主动与他人交流，经历实地测量、收集素材、调查研究、解决问题的过程，提升思考问题的能力，积累根据解决问题的需要合理选择策略和方法的经验，形成模型意识与初步的应用意识和创新意识。

如何表达具有相反意义的量。在真实情境中，通过具体事例体会相反意义的量，如温度、海拔等，能表达具体情境中负数的实际意义，能通过对多个事例的归纳、比较，感悟负数可以表达与正数相反意义的量。

校园平面图。结合本校校园的实际情况，能制订比较合理的测量方案和绘图比例；能理解所需要的数学和其他学科的知识，在教师指导下，积极有序展开测量；能按校园的方位和场所的位置，依据绘图比例绘制简单的校园平面图；能解释绘图的原则，在交流中评价与反思；提升规划能力，积累实践经验。

体育中的数学。能结合自己的兴趣，确定所要研究的关于体育的内容与范围；会查找相关资料，提出有价值的数学问题；在教师指导下，能与他人交流合作，运用数学或其他学科的知识解决问题；能积极参与小组间的交流，说明自己小组的问题解决过程，理解其他小组所解决的问题和问题解决的思路；感悟数学在体育中的作用，提高学习数学的兴趣。

营养午餐。在对人体营养需求和食物营养物质的调查研究中，进一步理解百分数的意义；会用扇形统计图整理调查结果，分析如何实现营养均衡；经历一周营养午餐食谱的设计过程，感悟在实际情境中方案的形成过程；形成重视调查研究、合理设计规划的科学态度。

水是生命之源。能合作设计生活中用水情况的调查方案，并展开调查，在调查中进一步优化方案；会查找与淡水资源相关的资料，从资料和实地走访中筛选需要的信息，提出问题，确定解决问题的思路，提高应用意识；根据问题解决中的发现和收获，制订节水方案，尝试设计节水工具或方法，培养创新意识；在问题解决中加深对水资源保护等社会问题的关注与理解。

3.【教学提示】

学生在主题活动中学习某些数学知识，运用数学和其他学科的知识与方法解决问题。在"如何表达具有相反意义的量"中，借助气温、海拔等事例了解负数表达的实际意义。在"校园平面图"中，通过实际操作、小组合作等方式，运用测量、画图等方法解决问题。在"体育中的数学"中，可以与体育课相结合，记录、整理和呈现某些体育项目活动中的数据，从中发现问题、解决问题。第二学段应引导学生经历数学应用的一般性过程，包括有价值数学问题的提出、解决问题策略和方法的探究、数学结论现实意义的合理解释等，体会数学的价值和思想方法，提高创新意识和应用意识。

"营养午餐""水是生命之源"，可按照项目式学习的方式进行活动设计。学生可分组，发现、提出与"项目"相关的问题，分工协作完成计划，反思交流问题解决中的收获、感悟。例如，"营养午餐"作为项目式学习，应当遵循项目式学习的要求，对问题进行完整的设计和规划。其中包括知道人体所需的各种营养物质，甚至还要知道这些营养物质的作用；需要知道各种食物所含营养物质的比例；需要调查并分析学校食堂或自己家庭午餐的营养状况；需要用统计图表整理调查结果，可以用百分数表达相应数据，用扇形统计图呈现各自所占比例。

学生需要分工协作完成调查分析。如上所述，所要调查分析的内容很多，为了保证活动的实效性，教师需要组织学生分组活动，分工负责，以长程活动的方式进行，最后归纳总结。可设计6学时完成"营养午餐"的学习。其中第1～2学时，分别调查了解人体所需要的营养物质和几种主要食品所含营养物质，计算相应的百分数，看懂相应的扇形统计图；第3～4学时，收集学校食堂或自己家庭一周的午餐食谱，分析其中的营养成分，进行类似的统计分析；第5学时，综合所有数据，分析午餐营养与人体所需营养之间的关系，小组之间进行交流，达成人体对午餐所需营养的共识；第6学时，把学校或自己家庭午餐营养统计数据与达成的共识进行比较，提出改进建议，并且设计一周的营养午餐，小组之间进行交流。

这样的项目式学习，可以采用"课内＋课外、校内＋校外、集中＋分散"等灵活方式进行，调动学生的自主性，指导学生综合运用知识，开展有目的、有设计、有步骤、有合作、有反思的实践活动，培养学生解决实际问题的兴趣和能力，发展模型意识。

除上述主题内容外，还可以结合中华优秀传统文化，以及与学生密切相关的校园生活、社会生活选择内容，如垃圾回收与利用、身边的一棵树、城市公共交通路线图、寻找黄金分割等，以保证不同基础、不同需求的学生都可以参与活动，普遍提高学生学习数学的兴趣、应用意识和创新意识[1]。

三、其他学科

各个学科关于跨学科学习的内容都做出了相应内容规定，旨在落实《义务教育课程方案（2022年版）》中提出的设置"跨学科主题学习"活动，占本学科总课时的10%。由此可见，跨学科学习对于各个学科而言也十分重要。各个学科对开展跨学科的内容规定都不相同，感兴趣的教师可以自行学习各个学科的跨学科学习内容规定。下面，对跨学科学习在其他学科课程标准中的呈现作简要解读。

（一）《义务教育英语课程标准（2022年版）》跨学科内容解读

在《义务教育英语课程标准（2022年版）》中，跨学科学习体现在主题化的教学设计，主题包括人与自我、人与社会、人与自然三大范畴。

---

[1] 中华人民共和国教育部.义务教育数学课程标准：2022年版[M].北京：北京师范大学出版社，2022：42-53.

其中，"人与自我"以"我"为视角，设置"生活与学习"和"做人与做事"等主题群；"人与社会"以"社会"为视角，设置"社会服务与人际沟通""文学、艺术与体育""历史、社会与文化"和"科学与技术"等主题群："人与自然"以"自然"为视角，设置"自然生态""环境保护""灾害防范"和"宇宙探索"等主题群。各主题群下设若干子主题，细化主题教学，分点落实①。

英语学科课程的特点是重在学生的语言知识的积累、语言能力的提升以及文化知识的积累，而语言知识与文化知识作为信息承载体，必然包含了英语学科以外的其他学科知识，这就决定了英语学科的教学是离不开其他学科的。在《义务教育英语课程标准（2022 年版）》中，以主题群为联结和统领，为语言学习和课程育人提供语境范畴，联结历史、地理、文学、艺术、体育以及社会服务与人际沟通等多学科内容进行主题融合重构教学，主题群的搭配根据学段的不同难度螺旋上升，分为三个级别实施。

（二）《义务教育道德与法治课程标准（2022 年版）》跨学科内容解读

在《义务教育道德与法治课程标准（2022 年版）》中，跨学科学习体现在"构建综合性课程"，因为道德与法治本身就是一门综合性较强的课程，涵盖了诸多学科内容，更具有跨学科属性。

以社会发展和学生生活为基础，构建综合性课程。道德与法治课程立足于发展学生核心素养，以引导学生学习和掌握道德与法律的基本规范，提升思想政治素质、道德修养、法治素养和人格修养为主旨，坚持学科逻辑与生活逻辑相统一，主题学习与学生生活相结合。内容选择体现社会发展要求，特别是中国特色社会主义进入新时代对道德与法治教育提出的新要求，突出中华民族传统美德、革命传统和法治教育，有机整合社会主义先进文化教育、革命文化教育、中华优秀传统文化教育、国家安全教育、生命安全与健康教育、劳动教育等相关主题。以学生的真实生活为基础，增强内容的针对性和现实性，突出问题导向，正视关注度高、涉及面广的问题，引导学生发现问题、分析问题、解决问题，提升道德理解力和判断力，强化规则、纪律、秩序、诚信、团结合作、

---

① 中华人民共和国教育部 . 义务教育英语课程标准：2022 年版 [M]. 北京：北京师范大学出版社，2022：14.

冲突解决等教育①。

由此可见，道德与法治课程本身所具有的综合性已经涵盖了诸多学科的相关内容。但是，这并不等于说道德与法治课程只要考虑"自成体系"就可以了。道德与法治课程与语文、历史、艺术、地理等课程之间具有错综复杂的联系，势必对核心素养要目的选择与界定提出更高的要求。我们要将这门课程放到整个课程教材体系中理解道德与法治课程培养的学生核心素养，从整体上把握道德与法治的内容，根据不同学段的核心素养要求，对教学主题进行深度解读的基础上进行教学设计，考虑课程本身的综合性及其培养目标，培养学生的跨学科综合能力。

（三）《义务教育历史课程标准（2022年版）》跨学科内容解读

为进一步发展学生核心素养，促进学生历史学习方式的转变，加强学生运用多学科知识与技能进行综合探究的能力，《义务教育历史课程标准（2022年版）》明确提出了跨学科主题学习活动，引导学生围绕某一研究主题，将所学历史课程与其他课程的知识、技能、方法以及课题研究等结合起来，开展深入探究、解决问题的综合实践活动。跨学科主题学习活动各个主题涉及的内容，都来自中国历史和世界历史六个板块，从特定的问题意识出发，将分散在不同地方的内容整合在一起，有助于学生形成既在时段上纵通又在领域上横通的通史意识；同时借助不同课程所学的知识和方法，培养学生多角度分析问题和解决问题的能力②。

历史学科具有思想性、人文性、基础性等特点，进行学习探究的内容十分丰富。因此，跨学科学习正好可以将这些丰富的知识内容整合起来，在系统学习历史知识的同时，也能够从不同领域了解历史，拓宽学生多视角思考历史、分析历史，帮助学生构建科学的历史观，加强对历史的思辨，透过历史的表象，最终找到历史规律，提高历史学习的核心素养。

（四）《义务教育地理课程标准（2022年版）》跨学科内容解读

地理学科的跨学科主题学习是基于学生的基础、体验和兴趣，围绕

---

① 中华人民共和国教育部.义务教育道德与法治课程标准：2022年版[M].北京：北京师范大学出版社，2022：3.

② 中华人民共和国教育部.义务教育历史课程标准：2022年版[M].北京：北京师范大学出版社，2022：39-40.

某一研究主题，以地理课程内容为主干，运用并整合其他课程的相关知识和方法，开展综合学习的一种方式。地理课程跨学科主题学习立足于核心素养的培育，关注学生探究能力、创新意识、实践能力、社会责任感的培养，促进学生全面发展和师生共同发展，以物化的学习产品（如各种文本、模型、设计图等）为基本学习成果。地理课程跨学科主题学习要求贴近学生生活实际，符合学生年龄特点，聚焦真实问题的发现和解决，体现鲜活的实践特征①。

地理学科具有明显的地域性和综合性的特点，同时也具有社会和自然两种属性，其涉及学科的多样性不言而喻。地理学科的学习必然是跨学科的，通过跨学科主题融合其他学科知识，将现实地理问题整合、简化为可供学生探究学习的主题情境案例，引导学生开展跨学科学习实践，帮助学生立足于地理学科系统地从多视角认识和欣赏人类生存的现实世界。

（五）《义务教育物理课程标准（2022年版）》跨学科内容解读

在《义务教育物理课程标准（2022年版）》中，跨学科学习表述为"跨学科实践"。其中，一级主题"跨学科实践"包含"物理学与日常生活""物理学与工程践""物理学与社会发展"三个二级主题。"跨学科实践"主题的内容具有跨学科性和实践性特点，与日常生活、工程实践及社会热点问题密切相关。这部分内容的设计旨在发展学生跨学科运用知识的能力、分析和解决问题的综合能力、动手操作的实践能力，培养学生积极认真的学习态度和乐于实践、敢于创新的精神②。

物理学科的跨学科学习首先必须立足于物理学科，在此基础上，跨出物理学科知识视野，与不同学科交互，从生活走向物理，从物理走向社会，让学生真切地感受到物理与真实生活息息相关。在物理跨学科教学的素材选择上尽可能选取与学生日常生活、社会热点话题等相关的，容易引起学生兴趣的内容。例如："5G技术""高速动车组列车""天宫一号"等，引起学生对物理知识的兴趣，依靠现实热点，以跨学科实践的方式学习物理知识，使学习物理知识的印象更为深刻。同时，也能

---

① 中华人民共和国教育部.义务教育地理课程标准：2022年版[M].北京：北京师范大学出版社，2022：21-22.

② 中华人民共和国教育部.义务教育物理课程标准：2022年版[M].北京：北京师范大学出版社，2022：33-34.

够让学生真切感受到物理学习对国家发展的重要性，树立物理学习的价值观。

（六）《义务教育化学课程标准（2022 年版）》跨学科内容解读

在《义务教育化学课程标准（2022 年版）》中，跨学科学习也体现在"跨学科实践"活动，在内容要求中明确规定跨学科实践活动原则上从以下10 项中选择，所用课时不少于本学科总课时的 10%。

（1）微型空气质量"检测站"的组装与使用。

（2）基于特定需求设计和制作简易供氧器。

（3）水质检测及自制净水器。

（4）基于碳中和理念设计低碳行动方案。

（5）垃圾的分类与回收利用。

（6）探究土壤酸碱性对植物生长的影响。

（7）海洋资源的综合利用。

（8）制作模型并展示科学家探索物质组成与结构的历程。

（9）调查家用燃料的变迁与合理使用。

（10）调查我国航天科技领域中新型材料、新型能源的应用[①]。

化学源于生活，化学的跨学科实践活动注重培养学生综合应用学科知识的能力，调用生物、物理、道德与法治、等多学科知识，从不同活动视角综合探讨真实生活问题解决的方案措施，培养学生的综合、系统、创新创造的思维，增强应对未来生活不确定性的必备品格和关键能力。

（七）《义务教育生物课程标准（2022 年版）》跨学科内容解读

在《义务教育生物课程标准（2022 年版）》中跨学科实践活动的学习主题包括三类，分别是模型制作、植物栽培和动物饲养、发酵食品制作。通过这些主题的学习，学生能够认识生物学与社会的关系，能够理解科学、技术、工程学、数学等学科的相互关系，并尝试运用多学科的知识和方法，通过设计和制作，解决现实问题或生产特定的产品，发展核心

---

① 中华人民共和国教育部. 义务教育化学课程标准：2022 年版 [M]. 北京：北京师范大学出版社，2022：32.

素养[①]。

生物学科不同于其他学科具有研究对象特殊、思想观念凸显人文、研究方法综合、实践应用广泛等特点，其知识的研究和学习较为复杂，跨学科学习能够将较为复杂的生物理论知识转化为真实生活相关情境，联结美术、语文、体育等学科帮助学生将教材中的理论与日常生活事物鲜活地联系在一起，降低理解难度。在获得理性认识的同时，也能够获得感性认识，能够增强记忆，是提高学习能力和教学水平的有效途径。

（八）《义务教育科学课程标准（2022年版）》跨学科内容解读

义务教育科学课程是一门体现科学本质的综合性基础课程，具有实践性。科学课程设置13个学科核心概念，是所有学生在义务教育阶段应该掌握的科学课程的核心内容。通过对学科核心概念的学习，理解物质与能量、结构与功能、系统与模型、稳定与变化4个跨学科概念。将科学观念、科学思维、探究实践、态度责任等核心素养的培养有机融入学科核心概念的学习过程中。围绕本学科核心概念，开展科学观察、实验探究、测量、调查、项目研究等学习活动[②]。

跨学科概念是人们认识自然界的构成及其运作方式的思维工具，能够从各科学学科共同的角度帮助人们来认识和理解自然界。因此在科学课程的学习中，采用跨学科的学习方式是必然的。教授跨学科概念时联系学生的生活，让学生结合自身生活体验，注重跨学科概念在真实生活问题情境中的应用，不断体验、感悟、内化、外化科学课程知识，提升自身科学素养。

（九）《义务教育艺术课程标准（2022年版）》跨学科内容解读

在《义务教育艺术课程标准（2022年版）》中跨学科学习表现在突出课程综合，以各艺术学科为主体，加强与其他艺术的融合；重视艺术与其他学科的联系，充分发挥协同育人功能；注重艺术与自然、生活、社会、科技的关联，汲取丰富的审美教育元素，传递人与自然和谐共生

---

① 中华人民共和国教育部. 义务教育生物课程标准：2022年版 [M]. 北京：北京师范大学出版社，2022：28.

② 中华人民共和国教育部. 义务教育科学课程标准：2022年版 [M]. 北京：北京师范大学出版社，2022：16.

理念，促进学生身心健康全面发展①。

（十）《义务教育劳动课程标准（2022 年版）》跨学科内容解读

在《义务教育劳动课程标准（2022 年版）》中跨学科学习表现在注重项目与其他课程的紧密结合，在具体项目实施过程中灵活运用其他课程所学的知识进行劳动实践，提高学生的综合素质，发挥劳动育人功能。例如：在开发农业生产项目时，可与科学、地理、生物学、化学等课程中相关知识的学习有机整合；在开发传统工艺制作项目时，可与艺术的造型知识，物理、化学的材料知识相联系。

针对不同学段学生的经验基础和发展需要，考虑区域特点和学校劳动教育环境，把握不同学段劳动素养培养要求，围绕体现日常生活劳动、生产劳动、服务性劳动的十个任务群，合理选择和确定项目内容。以日常生活劳动中"整理与收纳"任务群为例：一至二年级可选择"笔袋整理""书包整理"等项目内容，三至四年级、五至六年级可选择"整理衣橱""清理使用过的教科书"等项目内容，七至九年级可选择"书房用品整理与收纳""教室的装饰与美化"等项目内容。从学生个人的学习用品整理摆放逐步过渡到对家庭或者教室等较大空间的整理与美化，从单一到综合，从简单到复杂，逐步发展空间规划能力和整体筹划能力，体现不同学段的纵向衔接与递进关系②。

（十一）《义务教育信息科技课程标准（2022 年版）》跨学科内容解读

在信息技术 2.0 时代，信息科技显得尤为重要，根据教育部印发《义务教育课程方案和课程标准（2022 年版）》的通知中，信息科技作为小学独立科目来学习。信息科技课程具有较强的实践性，注重课程内容的综合性，将信息技术与其他学科知识融合起来，面向学生的真实生活世界。

在《义务教育信息科技课程标准（2022 年版）》中，跨学科学习体现在"跨学科主题，互联智能设计"，其中包括五个主题"向世界介绍我的学校""无人机互联表演""在线数字气象站""人工智能预测出

---

① 中华人民共和国教育部 . 义务教育艺术课程标准：2022 年版 [M]. 北京：北京师范大学出版社，2022：2.

② 中华人民共和国教育部 . 义务教育劳动课程标准：2022 年版 [M]. 北京：北京师范大学出版社，2022：11-12.

行""未来智能场景畅想"，在完成信息技术知识学习的同时，通过不同学科的交叉渗透，开阔学生的视野、拓宽学生的思维，增进学生对信息技术知识的理解和掌握。这样不仅能够提高信息科技课程的教学效果，还可以提升学生的核心素养[①]。

（十二）《义务教育体育与健康课程标准（2022年版）》跨学科内容解读

跨学科融合一直是学生提高运动能力、学习健康知识和传承中华优秀传统体育的重要方式和途径。体育与健康课程应融合多门课程，充分发挥育人功能，促进学生全面发展。体育与健康课程的跨学科主题学习部分主要立足于核心素养，结合课程的目标体系，设置有助于实现体育与德育、智育、美育、劳动教育和国防教育相结合的多学科交叉融合的教学内容。教师可以参照本标准提供的跨学科主题学习活动和案例进行创造性设计[②]。

跨学科主题学习克服了以往义务教育课程中严重存在的学科中心倾向、各门课程画地为牢、各自为政，互不相关、割裂分离等导致学用分离和学而无用的问题，从国防教育、劳动教育、健康教育、科学教育、绿色教育跨学科主题案例中可看出体育与健康学科教学提高了学习综合运用所学知识，解决实际问题的能力，促进学生全面发展。从单纯的"体育教育"向"体育与健康教育及多学科融合"转变，使以往主要强调体育教学变成体育与健康教育融合及多学科融合。

第三节　方式要求

对于跨学科学习而言，除了明确跨学科学习的内容规定以外，在实施跨学科学习的过程中，还要关注到学生学习的学段要求、课时安排、学科融合方式、学习方法等，以此重新整合各学科知识，设计具体的教学内容和方法。明晰跨学科学习的方式要求，能够为不同学科架起桥梁，让学科知识在适合的地方融合，能够充分发挥跨学科学习的整体育人优

---

① 中华人民共和国教育部.义务教育信息科技课程标准：2022年版[M].北京：北京师范大学出版社，2022：18-20.

② 中华人民共和国教育部.义务教育体育与健康课程标准：2022年版[M].北京：北京师范大学出版社，2022：101.

势，增强跨学科学习的计划性和目标意识。

一、语文学科

（一）基于不同学段精选学习主题进行设计

《义务教育语文课程标准（2022 年版）》明确指出"学习任务群的安排注重整体规划，根据学段特征，突出不同学段学生核心素养发展的需求，体现连贯性和适应性"[①]。跨学科学习作为教学形式的新亮点，学习的对象仍然是"学生"，需要站在学段要求上，根据不同学段学生的经验、特点，选择适合学生最近发展区的学习主题进行系统地大方向设计，精心挑选跨学科学习的主题和内容，组织、策划多样的学习活动。对于不同学段的学生由于身心发展特点的不同，在学习难度的设置上要有差异性，在《义务教育语文课程标准（2022 年版）》中体现为"第一至第三学段以观察、记录、参观、体验为主，第四学段以设计、参与、调研、展示为主"。从第一学段到第四学段，跨学科学习的难度步步深入、螺旋上升，能够贴近学生的发展特点，及时予以跨学科学习方法指导，提高学生在跨学科学习的过程中的自主性。

（二）立足主体学科，联结多学科知识和方法综合学习

语文学科的跨学科学习本质上是立足于语文学科、联结其他学科知识和方法开展的综合性学习方式。语文学科的本质是"听、说、读、写、思"的语言文字实践能力的培养，在《义务教育语文课程标准（2022 年版）》中主要表现为六大学习任务群，一是"语言文字积累与梳理"；二是"实用性阅读与交流"；三是"文学阅读与创意表达"；四是"思辨性阅读和表达"；五是"整本书阅读"；六是"跨学科学习"，其中融通了学习内容、学习资源、学习情境等关键要素，这些要素都是开展跨学科学习的联结点。在学习内容方面，可以找寻帮助理解相关学习内容的其他学科知识，来协助语文学科的学习。如：统编版二年级上册第一单元第3课《植物妈妈有办法》涉及了植物科学知识，这就可以联结相关科学视频，引导学生感受植物传播种子的趣味和神奇，顺势拓展科学知识和帮助学生更好地学习课文内容。在学习资源方面，根据皮亚杰的认知理论，

[①] 中华人民共和国教育部. 义务教育语文课程标准：2022 年版 [M]. 北京：北京师范大学出版社，2022：2.

小学阶段的学生正处于前运算阶段和具体运算阶段，具有经验知识不足、对部分抽象的语文知识难以理解的特点，有时需要相关的教学资源资料辅助理解，如古诗的理解对于小学生而言就比较难，需要知背景、知诗人，这时便可以回溯历史，引导学生搜集相关历史资料对诗歌的时代背景、创作背景和作者进行了解，这样再对诗歌情感的进行把握就简单了。在学习情境方面，根据授课内容的不同，对于难以理解或者比较陌生的内容，可以借助其他学科知识融合生活体验、自然知识、社会体验等的真实生活情境，帮助学生获得有趣的学习体验感。

（三）创设以解决问题为目的的真实情境进行深度学习

学习要回归生活，服务于生活。语文学习应该在课堂上，但绝不是仅仅靠课堂的书本知识就能够学好的。《义务教育语文课程标准（2022年版）》明确提出"义务教育语文课程实施从学生语文生活实际出发，创设丰富多样的学习情境，设计富有挑战性的学习任务，激发学生的好奇心、想象力、求知欲，促进学生自主、合作、探究学习"[①]。语文课本都是来源于生活，要真正对语文知识进行运用，就必须创设以解决问题为目的的真实情境。单一的语文学科难以支撑起情境的创设，而跨学科学习的多种学科知识正好能够弥补这一不足，协助创设真实问题情境，学生在解决问题的过程中，能够综合调动已有多学科的知识经验逐一尝试，走进文本知识亲历实践进行深度学习，最终形成解决问题的方案，通过丰富的语言文字知识积累表达出来。

（四）通过合作探究形成有过程可评价的学习成果

小组合作探究是跨学科学习的重要手段。跨学科学习的综合性较强，包含多个学科，知识体系较为复杂，学生难以单独完成基于真实情境提出的跨学科学习问题，而小组合作探究可以使学生之间的知识、思维体系进行互相碰撞，互相补充，充分发挥整体的优势。语文学科与其他学科不同的是，更注重学习中的语言运用，小组合作探究的方式能够使学生得到一个交流的平台，在探究的过程中各抒己见，这在无形中也锻炼了学生的口语交际能力。《义务教育语文课程标准（2022年版）》明确

---

① 中华人民共和国教育部. 义务教育语文课程标准：2022年版 [M]. 北京：北京师范大学出版社，2022：3.

指出"拓展学习资源,增强跨学科学习的综合性和开放性"①,学生也是学习资源的一部分,把学生集结在小组当中,增强团队知识资源的综合性,思维互相碰撞、相互批判,在"肯否"中不断进步,使整个学习过程更具开放性。小组合作探究的好处不仅如此,依靠集体的力量还能够提高跨学科学习的效果,锻炼学生在小组合作中的自主学习能力、合作能力。教师能够在小组合作的过程中加强个性化指导,帮助有需要的个别小组和学生,也能够在小组间走动倾听、观察学生的学习过程,更好地对每一位同学的学习过程进行准确评估。

跨学科学习的核心是技能和思维的培养,而不是最终学习成果的产出。早在19世纪,美国哲学家、教育学家约翰·杜威(John Dewey)先生就提出了关于教育本质的著名论断"从做中学",他认为"教育是在经验中、由于经验和为着经验的一种发展过程"②。语文作为一门学习语言的学科,更需要学生开口训练,在做中学,要真正落实"从做中学",学习的评价方式必然要随之发生改变。在《义务教育语文课程标准(2022年版)》中也突出了这种评价方式的变化,从注重学习成果的终结性评价转变为学习过程性评价。《义务教育语文课程标准(2022年版)》在跨学科学习的教学建议中指出"注意引导学生掌握问题探究的基本步骤和方法,学会提炼、表达、呈现学习成果,着重培养学生综合运用多学科知识解决实际问题的能力"③,强调了在跨学科学习中学生需要掌握的探究技能和综合运用多种学科知识解决问题的思维能力,这意味着在跨学科学习中过程性评价得到了足够的重视。

二、数学学科

(一)基于不同学段学情精选学习主题和项目进行设计

小学数学综合与实践是落实立德树人根本任务的重要途径,《义务教育数学课程标准(2022年版)》明确指出"综合与实践主要包括主题

---

① 中华人民共和国教育部.义务教育语文课程标准:2022年版[M].北京:北京师范大学出版社,2022:36.

② 褚灵兰.学情分析:基于杜威经验哲学的层级化建构[J].教育理论与实践,2018,38(17):63-64.

③ 中华人民共和国教育部.义务教育语文课程标准:2022年版[M].北京:北京师范大学出版社,2022:5.

活动和项目学习等。第一、第二、第三学段主要采用主题式学习，第三学段可适当采用项目式学习"①，该安排顺应学生的身心发展规律。

主题式学习活动是以一类活动为载体，基于现实背景，从数学的角度出发提出问题，综合运用数学和其他学科的知识与方法，分析解决问题的学习活动。《义务教育数学课程标准（2022 年版）》明确指出"主题活动分为两类：第一类，融入数学知识学习的主题活动。在这类活动中，学生将学习和理解数学知识，感悟知识的意义，主要涉及量、方向与位置、负数等知识的学习。第二类，运用数学知识及其他学科知识的主题活动。在这类活动中，学生将综合运用数学知识解决问题，体会数学知识的价值，以及数学与其他学科的关联"②。

由此可见，主题式学习活动为学生提供了学习、理解数学知识，在活动中面对现实的背景，从数学的角度出发提出问题，综合多学科知识解决数学问题的机会。而小学阶段的学生充满好奇心、注意力不稳定，学习习惯仍待培养。主题式的学习活动能够牢牢抓住学生这一特点，加深其对基本数学知识的理解和把握，以及对基本活动经验积累。

项目式学习的设计以解决现实问题为重点，综合应用数学和其他学科知识解决问题，体会数学知识的价值，以及数学与其他学科的关联。相较于主题式的学习活动在学习的要求上，项目式的学习更具有现实性、探索性和综合性，对于小学中低学段的学生而言难度较大，所以在小学第三学段适当采用即可。

并且小学数学的综合与实践部分在每一学段都有内容要求、学业要求和教学提示。每一部分都考虑了学生的接受能力进行学习内容的选取，关注学生的接受能力很重要的一点便是抓住新旧知识的衔接点，找准新旧知识的内在联系，引导学生找到思维发展的生长点。《义务教育数学课程标准（2022 年版）》就关注到了新旧知识的衔接真正做到了以学生的思维发展为中心。在第一学段中充分考虑到了教学过程中的幼小衔接，开学 1～2 周设计了"数学游戏分享"主题活动，调动学生的兴趣和分享欲，衔接幼儿园与小学生活，顺利开始小学数学的学习。这一学段的学习内容涉及货币、时间等常见量的认识，以及方向、位置的学习，着重培养学生的体验，形成初步的量感和空间观念，初步积累数学活动经验。

---

① 中华人民共和国教育部 . 义务教育数学课程标准：2022 年版 [M]. 北京：北京师范大学出版社，2022：42.

② 中华人民共和国教育部 . 义务教育数学课程标准：2022 年版 [M]. 北京：北京师范大学出版社，2022：42.

数学知识是一环扣一环的，《义务教育数学课程标准（2022 年版）》明确指出 "综合与实践的内容要求也呈现出螺旋上升的态势，在第二学段的主题活动中，紧紧承接上一学段的学习知识，不仅要让学生认识度、量、衡等更为广泛的量，认识年、月、日等更为一般的时间概念，认识八方，还要引导学生尝试用学过的知识解决应用性的数学问题和简单的实际问题，体会数学的价值，提升应用意识；引导学生查阅相关资料，知道中国古代那些与量有关的概念的由来，培养家国情怀，积累学习经验。既巩固提高了所学知识，又启动了学生思维向更高一层发展。在第三学段中，对于部分学习内容，如 '营养午餐' '水是生命之源'，可按照项目式学习的方式进行活动设计。强调学生需要分工协作完成调查分析，在知识掌握的基础上进一步发现、提出与 '项目' 相关的问题，分工协作完成计划，反思交流问题解决中的收获、感悟，调动学生在学习过程中的自主性，针对性指向学生综合运用知识，开展有目的、有设计、有步骤、有合作、有反思的实践活动，培养学生解决实际问题的兴趣和能力，发展模型意识"[①]。

此外，《义务教育数学课程标准（2022 年版）》还给出了相关学段内容要求和学习主题、项目的相关活动，为教师设计主题或项目式学习活动提供良好的参考范例。

（二）立足主体学科，融合多学科知识和方法综合学习

发展学生数学学科核心素养是新时代背景下贯穿整个数学课程的主线。由于数学核心素养具有整合性、综合性、交融性特点，在教学中需要更多地引导、渗透跨学科意识，主动地为学生发展数学核心素养构筑学习立交桥[②]。综合与实践活动作为跨学科学习的重要载体，在学习过程中不仅包含数学和其他学科知识，还包含数学及其他学科的关键能力以及情感、态度与价值观，能够引导学生在学习的过程中综合发挥其他学科的培养优势，形成数学学科素养。

跨学科学习始终不变的是为学生理解和掌握数学知识、技能、方法服务的。基于现实生活的情境提出的数学问题具有复杂性，需要运用多种学科知识围绕数学问题进行解决，立足于数学这一主体学科，融合多

① 中华人民共和国教育部. 义务教育数学课程标准：2022 年版 [M]. 北京：北京师范大学出版社，2022：43.

② 黄翔，童莉，史宁中. 谈数学课程与教学中的跨学科思维 [J]. 课程.教材.教法，2021，41（07）：106-111.

学科知识和方法进行综合性学习。如：在"校园平面图"中，通过实际操作、小组合作等方式，运用测量、画图等方法解决问题。这体现了数学学科与艺术学科相结合，融入绘图知识方便学生了解校园的平面图测量数据，进行进一步的计算。再如：在"体育中的数学"中，可以与体育课相结合，记录、整理和呈现某些体育项目活动中的数据，从中发现问题、解决问题。与体育课相结合能够调动学生的学习兴趣和生活经验，帮助学生了解体育活动中隐藏的数学知识。如此进行跨学科融合，不仅能够加深学生对多门学科知识的掌握，调动运用知识解决问题，打通学科之间的壁垒，为培养学生的数学学科素养服务。

（三）创设以解决问题为目的的真实生活情境

小学阶段的学生正处于形象阶段到具体运算阶段的过渡，仍需给予学生形象化的学习体验。数学是一门通过数字、符号和图形等呈现的较为抽象的学科，光靠数字运算学生难以真正理解数学背后真正的含义，也无法将数学学习到的知识应用到生活中，造成数学与生活割裂的局面。但是数学不仅仅是一门课程，还是生活中处处可见的。所以在主题与项目式学习的过程中，必不可少的一环便是创设以解决问题为目的的真实生活情境，还原数学问题的真实面貌，能够激起学生的生活体验，感知到数学学习的意义，从而也能够培养学生自觉地运用数学的思维方式来观察和解决生活中的问题，培养学生的数感。如在第一学段中的主题活动创设了"欢乐购物街"的真实生活情境，引导学生积极投入模拟购物活动，清晰表达和交流信息，认识元、角、分，知道元、角、分之间的关系。这样的学习情境能够让学生在真实或模拟的情境中合理使用人民币，不仅能够使学生更好地理解元、角、分的概念，还能把知识马上运用到生活中去，体现了数学为生活服务的理念。在教师的指导下，由于有情境的活动体验，学生能够对活动进行反思并较轻松地述说购物的过程，积累使用货币的经验。在落实理解元、角、分知识掌握的基础上，进一步深化学习引导学生对所学知识进行运用，最后反思内化积累货币使用经验。

（四）基于主题式、项目式学习的方式进行大单元深度学习设计

深度学习是一种高参与的学习状态。大单元下的主题和项目式学习就能够调动学生全身心地投入数学的学习中。主题活动的设计提倡多学时的长程学习，可以根据实际情况灵活设计活动内容和形式，有助于学

生加深对知识的理解，积累基本活动经验。项目式学习的要求是对真实有挑战性的问题进行完整的设计和规划。这两种综合与实践活动学习的主要方式都非常适合进行大单元整合设计，这不仅能够对问题涉及的数学知识点进行系统把握，还能够统领教学目标，层层深入地进行深度学习。

在综合与实践给出的教学案例中，学习线清晰明确，依据课程标准自上而下进行设计，依次是学段目标、学年目标、学期目标、单元教学目标最后到活动目标。体现了以培养数学学科素养为目标，以"大单元、大整合、大情境、大资源、大任务、大问题、大项目"来组织学习的知识、技能、情境问题等。大单元目标是对学段、学年和学期目标的分解，又是对多个活动目标的统整，在课程安排中起到了承接作用。在这种大单元的设计理念支撑下通过整合要学习的知识点、融合可以为数学知识提供帮助的其他学科，再调动一切可支持的学习资源创设合适的特定的真实大情境引领学生学习，以大问题作为任务驱动让学生在主题或项目中进行自主或者小组合作学习。

（五）通过合作探究形成有过程可评价的学习成果

综合与实践与普通的数学教学不同的是更关注学生的知识综合运用能力和解决真实数学问题的实践过程，所以关注过程性评价，了解学生在数学参与和实践比起关注综合与实践的学习成果来说更为重要。小组合作探究是数学综合与实践中很重要的学习方式，也是教师进行过程性评价的重要载体。例如：在第一学段的"欢乐购物街"主题活动中，了解人民币的种类、掌握元、角、分之间的关系，小组合作积极投入模拟购物实践活动学会应用。以四人为一个小组，一个学生为售货员，其他学生充当客户，在真切的购物实践中，合理使用人民币解决现实生活问题。在这之中教师依据情境创设生活实际问题，对学生的学习过程进行评价："一个铅笔盒的价钱是 8 元 7 角，小明有 2 张 5 元钱、2 张 1 元钱、5 张 5 角钱和 10 张 1 角钱去买铅笔盒，如果付的钱刚好，他可以怎样付？"学生通过小组合作解决问题，教师在学生实践的过程中观察学生对元、角、分知识的掌握和灵活运用，观察学生的换算能力和小组交流、协作能力，在观察学习过程中对学生形成综合性评价。这样的过程性评价既能够加深学生对知识内容的理解，又能够及时地帮助教师发现学生在主题或项目活动中的困难，及时给予个性化的指导，提高了学习的效率。

第四节　评价要点

《义务教育语文课程标准（2022 年版）》中的"课程理念"第五条是重视综合性学习评价，"以评促学"也是很重要的学习方式，跨学科学习也同样离不开学习评价。那么在跨学科学习的过程中应该如何进行评价呢？在跨学科学习的方式要求中强调了有过程可评价的学习成果，强调了过程性评价。跨学科学习的过程包含知识的掌握、解决真实情境问题、形成跨学科学习思维能力、产出跨学科学习成果。另外，教学不仅是学生学的过程，还是教师教的过程，这就意味着在评价教学效果的时候，还要关照教与学的主体。《义务教育课程标准（2022 年版）》"教学评一体化"的要求，要落实这一要求，首要是要明确具体教学的目标及学习达标的具体标准，也就要求教师是在教学设计及实施过程中各科课程标准提出的核心素养发展水平，结合具体教学内容，从学生的实际出发理解课程标准与教材要求，确定具体的教学目标，帮助不同学业水平的学生在掌握、理解、运用所学知识过程中提升学科素养。教师是无论教学设计都要将评价贯穿始终，解决"为什么教""教什么""教到什么程度""怎么教"的问题，并通过评价手段，帮助学生明确"为什么学""学什么""学到什么程度""怎么学"的问题[1]。这也说明了跨学科学习的评价除了要关注评价学习的过程，还需要从教师和学生两个不同主体方面进行评价。以下将从跨学科学习的过程和"教学评一体化"阐述跨学科学习的评价要点：

一、"教"的评价要点

（一）教学内容是否符合学情

跨学科学习对学生的经验知识储备要求较高，所以在跨学科教学设计中，教师需要充分考虑学生要完成这些教学内容，其知识水平、能力表现，已有经验和态度的现状、优势与困难，在评价跨学科学习过程中，

---

[1] 凌宗伟. 新课标背景下如何落实"教—学—评"一致性要求——基于"SOLO分类评价法"的思考 [J]. 教师教育论坛，2022，35（06）：9-11.

需要重视这一部分的评价，及时关注学生的学习需求，根据学生的实际学习情况及时对教学内容和教学计划进行调整。

（二）教学重难点的把握是否全面合理

在跨学科教学评价中，教学内容重难点的设置需要考虑到学科性和跨学科性，在掌握主体学科基础知识的同时，将难点设置为进一步的跨学科提升。从学科性和跨学科性两方面入手，对跨学科的教学重难点进行全面把握。

（三）教学目标是否合理

1.目标是否关注了学科核心素养的融合发展

跨学科教学目标的设置极大地影响跨学科学习的整体效果，在评价一个跨学科学习活动是否成功时，需要看教学目标的设置是否关注了学科核心素养的融合发展。跨学科教学融合了多门课程，这也意味着目标的设置不能仅仅关注一门主体学科的核心素养，还需要融合其他学科的核心素养，要做到学科素养协同育人，从而培养全面发展的人。

2.目标是否可操作、可检测、可观测

当跨学科教学的目标确立后，还需要思考跨学科教学目标的设置是否合理，能否依靠现有教学资源实现教学目标的真正落地，教学目标切忌空泛需要可检测，另外教学目标需要可观测。在进行教学评价时需要关注到教学目标的可操作性、可检测性和可观测性。

（四）教学活动设计是否适合学生

1.指向目标是否得以实现

教学活动是实现跨学科学习的重要载体，在评价跨学科学习时还需要关注教学活动是否指向学习目标的实现。若不能指向学习目标的实现，那么这次跨学科学习活动就是偏离跨学科学习目标的，跨学科的学习效果也会随之下降，不能够满足和顺应学生的学习发展需求。

2.是否体现学生主动探究意义的过程

跨学科学习很重要的一个特点便是探究性，同样评价跨学科教学活

动的设计也需要关注探究性的特点。跨学科教学活动要具备探究性就需要让学生能够理解、喜欢、相信，并且能够用主动探究意义的行动保证跨学科学习的时效性。要让学生有主动探究意义的欲望，跨学科教学活动需要具备不确定性，不能够让学生一下子就知道学习的结果，要设置一定的难度，从过程到结果都具有不确定性，没有到学习总结的那一刻都始终保有神秘感，这样才能让学生参与真正主动地探究意义的过程。同时，还需要评价教师在教学活动中的教师指导，评价指导是否适切，有没有紧贴学生的主动探究发展需求，有没有指导过度限制学生主动探究的欲望。

3. 是否体现语言与文化和思维的有机融合

跨学科教学活动体现综合性的特点，融合多学科内容，能够提高学生的学科综合素养。在评价跨学科学习时，还需要关注学科知识的融会贯通，教学活动需要真正体现语言与文化和思维的有机融合，而非简单的学科知识堆砌。

4. 是否体现学生的认知过程

在评价跨学科教学活动时要注意是否体现学生的认知过程，包括注意的前提条件以及知觉、记忆、思维、想象等心理活动来实现，跨学科教学活动首先需要吸引学生的注意力，它是一切认知活动的基本条件。其次要对教学活动的内容以及问题进行初步感知，在理解的基础上对各个学科知识进行记忆加工，进而调取大脑内新构建的知识对要解决的跨学科教学活动的真实问题进行思考，主动进行探究实践，并加以想象创造，寻求解决方案，产出学习成果。

二、"学"的评价要点

（一）学生对跨学科知识的掌握

跨学科学习首先要坚持学科立场，只有学好学科知识才能够借助其他学科知识进行跨学科学习。因此，在跨学科学习的过程中，知识的掌握就是学习第一步。但跨学科学习不是独立的，每一门融入的学科各有其存在的独立价值。在坚持学科立场的同时，也要关注不同学科知识的相互影响。换而言之，教师在进行跨学科学习过程中，要关注学生在运用本学科知识的同时，也要关注学生调动其他学科知识协同解决问题的情况。比如能从历史、地理、数学等维度解释为何赵州桥至今仍屹立不倒；能从美术、历史、数学等维度解释为什么生活中有很多对称图形；能从科学、地理、语文等维度解释为什么清晨的大兴安岭浸没在白雾里。这一系列的真实情境问题，都需要学生立足主体学习学科，并调动其他学科知识共同解决问题。

（二）学生解决"所设计真实情境问题"的程度

跨学科学习的设立指向加强学科知识与生活的联系，培养学生在生活中解决真实问题的能力。因此，在评价过程中，教师应关注学生具体运用跨学科知识解决真实情境问题的程度，考查学生综合运用多学科知识解决真实情境问题的能力。在评价学生学习效果时，为学生制定一张"问题解决"达成表，以打钩与评定星级并行的形式，帮助学生认识自己在跨学科学习过程中解决"所设计真实情境问题"的程度，同时也能够让教师，及时在教学过程中关注到学生的学习进度，在学生思维瓶颈处及时精准点拨，引导学生顺利进入下一环节的探究学习（表1-1）。

表1-1　跨学科学习问题解决程度评价表

班级	上课教师		小组		日期	年 月 日
学科	活动主题		评价人		总分	星级
			是	否		
评价项目	1. 能够积极参与活动，完全掌握学科基础知识					★★★★★
	2. 能够灵活调动其他学科知识对真实生活问题进行理解					★★★★★
	3. 能够初步解答简单的问题					★★★★★
	4. 能够深入思考问题产生的根源，以及寻找解决办法					★★★★★
	5. 能够使用不同的方法解决问题，并能够正确解决真实问题					★★★★★
	6. 在解决问题的基础上，产出学习成果					★★★★★

（三）学生"可迁移的"跨学科解决问题的能力

跨学科学习的最终目标是指向学生高阶思维能力和核心素养的培养，这就要求评价重点不局限于主体学科的学习思维，而是立足于关键概念呈现的跨学科学习思维，关注学生通过跨学科学习生成的跨学科理解，形成"可迁移的"跨学科解决问题的能力。主要表现为知识、技能的可迁移性，即灵活运用多学科知识解决问题的能力。因此，在评价过程中评价学生的形式应该是多样的，必须基于真实情境问题的需求选择合适的评价形式，不必拘泥于传统的纸笔测试方式，使学生能够综合运用自身具备的学科知识和技能进行创新性的思考和判断，进而解决真实情境问题。比如，在统编版小学语文三年级下册第四单元《花钟》一课中，就可以设计一个"花钟介绍导购员"的真实情境任务，让学生化身为"导购员"，为自己店铺销售的花钟绘制销售图片，并向老师及同学介绍花钟的生活习性，说明这种花开花的时间，根据顾客的开花时间需求推荐合适的花钟。这要求学生具备艺术创作、生物科学知识、语言表达、合作交流、逻辑思维等综合能力，并灵活运用《花钟》一课的知识储备，共同迁移到解决"花钟介绍导购员"这一真实情境任务中，形成解决问题的能力。

三、跨学科学习的产出成果

跨学科学习评价主要以学生在真实情境活动中的表现，以及活动过程中完成的方案、海报、调研报告、视频资料等学习成果为依据。在跨学科学习中，产出的学习成果也是评价中关键的一环，这是学生在跨学科学习过程中有创新性和创造力的体现。学生能够在深度理解主体学科知识的基础上，能调动艺术创作、社会调查、工程设计等思维对学习成果进行产出，比如创作手抄报、搭建3D打印建模、参与辩论赛、撰写倡议书、策划一次简单出游活动等。从这些学习成果中，教师能够清晰直观看出学生在学习过程中收获掌握的学科知识和实践能力，能够大致了解学生的思维过程以及学生的创新创造能力，最终形成对学习产出成果的评价。

第二章　跨学科学习的指导原则

跨学科学习以主体学科知识为基础，将各个学科知识综合运用于实践中，解决在真实情境中面临的问题。教师在进行跨学科学习的指导时，要注意开放性原则、跨学科原则以及实践性原则，具体原则要求如下。

第一节　开放性原则

跨学科学习不是一个封闭的学习系统，它在目标、内容、方法、过程、评价、空间方面都为学生提供了不同的发展条件和可能性，体现了开放性的特点。这些在学习的指导过程中，教师要基于学生的身心发展特点、已有的学习经验和学习兴趣，打通学科之间的壁垒，选择适合学生的跨学科主题学习活动，鼓励学生进行跨学科学习，引导学生充分利用身边的学习资源，图书馆、互联网、社区生活场景、文化场馆等，学校加强与家庭、社区之间的联系，拓宽学生的学习内容、学习过程、学习空间以及学习评价，使学生的知识经验、个性特长、实践能力、社会参与能力和社会责任感不断获得发展。

跨学科学习强调学生的自主探究，这就要求在跨学科学习的过程中要遵循开放性的原则，即学生通过真实生活情境，独立学习、合作探究广泛接触社会、认识世界，在多元开放动态的跨学科学习活动中进行跨学科学习，这样不仅使学生更为自觉主动地获得更多知识，还能够培养学生在开放的学习环境中发现问题、解决问题的能力，培养学生的创新意识和创新思维。根据跨学科学习开放性的原则，下面将从目标、内容、方法、过程、评价、空间等方面进行阐述。

一、目标的开放性

跨学科学习面向每一个学生综合能力的个性发展，尊重每一个学生发展的特殊需要，其目标具有开放性。传统的分科教学注重认知层面上的结果性目标，十分看重学生对学科知识的把握数量和掌握深度，而忽视了学生认识的过程和个人独特体验。跨学科学习目标秉持开放性的原则，重视认识过程和个人独特体验。同时，跨学科学习的目标不是一成不变的，根据对学情的动态跟踪，教师分析学生的学习需求，及时对跨学科学习的目标做出调整。在跨学科学习实施的过程中，目标呈动态开放状态。另外，跨学科目标的开放性还体现在多学科融合上，既关注主体学科在跨学科学习过程中的重要位置，同时也融合其他学科学习内容作为跨学科教学的目标。跨学科教学目标在学科内容设计上，呈现出开放性的特点。

二、内容的开放性

跨学科学习联系实际生活社会、联系课堂内外，其涉及内容也十分广泛。

（一）打破学科壁垒，融合学科内容

跨学科学习的指导关键就是统整，主体学科要对其他学科开放。在坚持学科本位的基础上，融合多学科内容，发展学生的主体学科素养。无论是学习活动的主题还是所涉及学科，都需要教师灵活调动教材资源，在主题的引领下找寻联结点，打破学科之间的壁垒，引导学生把多学科知识进行优化、整合，使之形成系统，进行运用解决真实情境问题，进而内化为自身的知识经验。

（二）体现整体设计，构建知识体系

跨学科学习活动以学习主题为例，在内容上，在每一个学段都有不同的主题建议，用以联系学段的学习目标、学习方法、学习的课本资源、学习任务等，共同构建具有内在逻辑关联的主体学科学习活动。相同能力的训练点在学段的整体设计上是层层递进、螺旋上升的，这体现了对知识体系的整体规划。教师在跨学科学习的指导过程中，需要在学习主题和学习内容设计上考虑到知识的前后关联、学生学习方法的能力增长等，对各个学科知识进行整体设计，打破不同学科知识间的壁垒，构建新的跨学科学习知识体系。

（三）借助信息智慧，打开学习视野

跨学科学习不同于学科教学，它融合多种学科，涉及的知识面广；真实生活情境出现的问题的解决比较复杂也需要大量的知识内容的支撑；在多学科学习资源整合方面也需要电子设备的帮助。在这些背景之下，跨学科学习仅依靠传统的纸媒学习是远远不够的，需要借助信息技术，如电子书包平台、智能教室、智慧课堂、平板资源推荐等多种信息技术支持来拓展学习的内容，打开学生的学习视野。教师引导学生在跨学科学习过程中，灵活运用信息设备对所需学习资料进行搜集，为真实情境问题的解决提供内容支持。

（四）调动学习资源，拓宽学习内容

跨学科学习内容的开放还体现在学习资源的获取上，在跨学科学习的准备阶段，教师需要对线上线下、校内校外的各种学习资源进行分析，包括教材资源、硬件设施资源、人员资源、场地资源等，调动一切有助于跨学科学习活动开展的资源，构建跨学科学习活动，能够有效帮助学生更好地理解跨学科学习的主题，还原更为真实的生活问题情境，提供更多样的学习内容供学生开拓视野，提高跨学科学习的整体效果。

三、方法的开放性

跨学科学习本身就是一个开放的、探究式创造的过程，没有固定的学习模式和方法。其目标和内容的开放性，必然要求学习方法也具有开放性。尤其是跨学科学习都从真实生活问题情境出发，对不同的真实问题，固然需要选择不同的学习方法加以解决。由于跨学科学习所跨学科之多，涉及的学科知识和学习方法也很多，学生可以根据自身知识经验基础，从不同的学科角度，同一学科的不同侧面思考，选取不同的学习方法进行学习。如：小组合作、自主探究、走访调查、科学实验、研学旅行、上网搜寻等学习方式，由学生根据自己的实际需要自主选择学习方法，学习方法的种类不限、数量不限。

四、过程的开放性

跨学科学习的过程是综合性的，它以学生对真实情境问题的意义感

知为起点，学生在感知后形成跨学科学习的相关概念，在问题的驱动下对自身知识进行融合重构，最终创造性地产出学习成果。这一过程体现了学生经历基于真实问题情境下的跨学科学习，不同于单一学科知识教学，跨学科学习在学习过程中时间上、学生理解上、内容接受上、知识重构上等具有不确定性，这要求教学过程具有开放性，以便随课堂生成进行一定的调整。

（一）意义感知阶段

跨学科主题学习联结学校内外、课堂内外基于现实生活创设真实情境问题展开，因此在跨学科学习的内容是与学生的认知和生活经验密切相关的。在跨学科学习的初始阶段，教师要营造出一种开放自由的交流对话、情境体验的课堂氛围，引导学生通过小组讨论、合作探究、交流对话、收集资料等方式，引导学生主动将跨学科学习的真实情境问题与自身生活经验联系起来，思考问题的意义所在，主动调动已有知识经验对问题进行同化、顺应，构建新的图式，理解跨学科学习的主体内容，明确学习任务的目标、实践要求，明晰为什么而学，从而调动学生学习的主观能动性。

（二）概念形成阶段

在对跨学科主题学习的意义进行理解的基础上，学生需要明晰跨学科学习的概念。从简单的多学科知识叠加，到对多学科知识点理解，进而对知识进行联通转化成为跨学科思维的形成与知识的迁移运用，使学生自觉调动已有知识经验形成对跨学科学习的概念图式。以跨学科学习概念来展开教学，体现了拓宽学生思考问题的开放性。引导学生围绕核心概念从不同角度调动各个学科知识解决问题，将教学内容之间的关联进一步结构化，使学生形成对各个学科知识的整体把握，明白真正学习的知识是什么。

（三）任务驱动阶段

在跨学科学习中，任务驱动阶段是学生自主探究、运用知识、解决问题的关键环节，教师作为跨学科学习的引导者，需要以跨学科学习的概念为依托，为学生创设符合学生身心发展特点的真实问题情境，让学生在情境中对知识进行理解，学生通过小组对话、合作探究创造性地融合多种学科知识，通过协商达成一致解决方案，进行小组分工合作，尝试解决真实情境问题。

（四）知识融合重构阶段

在任务驱动过程中，学生调动各种学科知识综合解决问题的同时，学生自身的知识体系也在进行融合重构。通过生动真实的情境，学生对解决问题的能力进行不断操练，在此过程中，小组开放式的合作探究也能够进行思维的碰撞，使学生不同的思考方式和知识进行小组间的共享，又是一次对知识的融合重构。

（五）成果展示阶段

学生的跨学科学习成果的展示也具有开放性。在前面的学习过程中通过对学习的意义、概念、任务、知识融合来解决现实情境中出现的问题，学生已经对跨学科学习的知识进行了内化和运用，能否进一步外化则需要通过产出学习成果进一步评估。学习成果的展示方式、内容不限，具有一定创造性和开放性，旨在让学生学会灵活把所学知识进一步转化成为产出的学习成果，将学习知识物化，提高学生的创新创造能力。

五、评价的开放性

跨学科学习是基于多元智能理论下融合多学科的综合性、开放性的学习方式。因而，开放的跨学科课堂教学，其学习评价的实施也应该遵循开放性原则，更加关注评价内容的开放、评价主体的多元、评价方式的多样以及评价的过程开放，以评促教、以评促学，及时调整教学设计以及激发学生跨学科学习的内驱动力。同时，跨学科学习也应拓宽评价视野，在评价中关注学科融合，评价需要融入整个课程学习过程之中，其形式既要包含在多学科学习中的学业评价，也要包含针对单一学科的学业评价，实现多种评价的优势互补。

（一）评价内容开放

跨学科学习是立足主体学科，融合各个学科内容开展学习活动的。因此在评价跨学科学习的内容时，也应该将评价内容立足于主体学科学习重点，即解决真实情境问题时运用的主体学科学习内容，并在评价时同时关注各个学科的知识运用情况。评价的学科教学内容不限于知识与技能，还包括跨学科学习的思考、解决真实问题的方法、情感态度、价值观等。例如，学生在跨学科学习活动中所收获的体验，融合多学科学习的方法、跨学科能力的掌握，跨学科创新成果的展示以及学生在跨学科学习过程中实践能力的发展等。

（二）评价主体多元

跨学科的学习评价强调多元化的价值取向和多元标准，提倡评价主体的多元化。评价主体的多元化是当前评价改革的重要理念和方向，在新颁布的义务教育课程方案中也明确提出，在课堂评价主体上，要打破教师单一主体评价的局面，开展教师评价、学生评价、学生自评、学生互评的评价主体多元化评价。这样的评价有利于学生进行自我反思、借鉴学习以及参考教师建议改进学习方式方法。由于跨学科学习的空间范围较广，评价主体不限于学校内，所以可以适当邀请社会主体对学生的跨学科学习过程和成果进行评价，包括家长、社区工作人员、跨学科学习涉及的相关场馆工作人员等。这样的多元主体评价能够从不同方面、不同角度对学生的学习做出评价，产生更为广泛的思维碰撞，有利于学生取长补短，在跨学科学习中得到更好的发展。

（三）评价方式多元

除了以往学科教学中常见的纸笔测试评价的方式，还有开放性考题、活动的测试等。

1.开放性考题

跨学科学习作为培养思维的重要方式，以现有常见的考题设问方式必定有其局限性，答案的角度单一、思维不够开阔，不能让学生根据题目的材料和要求将学过的知识点进行有机整合，知识的掌握较散。即便提出分步给分的评价方案也未必能够展示出学生跨学科学习的思维发散性和创造性。如果将考题的设问改为开放性的现实情境生活问题，用可观察的学习结果结构（Structure of the Observed Learning Outcome，SOLO）分类理论对思维的层次性和深度做评价指引，可以盘活题目所涉及的各个学科知识和方法，甚至能获得意想不到的创造性收获，推动学生的发散思维、创造性思维的发展。SOLO分类评价理论认为，学生在不同的认知发展阶段针对不同的任务或者问题所做出的回答，呈现出由简单到复杂的趋势，并且在不同的学习领域存在着循环出现的思维层次[①]。这是香港大学教育心理学教授约翰·B.比格斯（John B.Biggs）首创的一种学业评价方法，是一种以等级描述为特征的质性评价方法[②]。该理论可以使跨学科学习活动的语文、数学、英语、历史、地理等多学科的评价结合起来，强调了思维结构的层次，能够清晰地检测学生思维能力所到达的广度和深度。

跨学科开放性考题的思维评价层次：

（1）单一思维层次：根据考题的素材现实情境，经过第一次信息加工，从单一学科的一个知识点进行推断，得出一个结论。

（2）多元思维层次：根据考题的素材现实情境，经过第一次信息加工，从单一学科的多个知识点进行推断，得出多个不同性质的结论。

（3）关联思维层次：根据考题的素材现实情境，经过多次信息加工重组，从两个及两个以上学科的相关知识点进行推断，得出符合题目要求的结论。

（4）扩展思维层次：根据考题的素材现实情境，基于关联思维层次的基础上，能够进行合乎情理的演绎，对题目给出的信息进行加工，将信息与学过的各个相关联的学科知识综合成抽象的假设，得出更为一般化的结论。

2. 活动测试

传统的书面测试，只能考查学生的知识与技能的掌握程度，不能考查到学生的动手实践能力，通过单一的考试成绩呈现也难以关注学生的个别差异和答题过程。跨学科学习强调学生的学习过程，同样测试也应体现学生思维的过程。尤其，现在推行的"双减"政策，小学一二年级不开展纸笔考试。这时便可以通过闯关游戏的活动测试对学生的跨学科学习成果进行检验，把知识还原成现实情境，打通课本知识与生活的联系，不仅能够寓学于玩，还能够检验学生的实践能力。在活动测试评价中还可以给中高年级学生制定相关评价表，结合跨学科学习的目标要求和评价主体的多元化对活动测试进行评价，可设计如下（表2-1）。

---

① 吴刚，邓昊源，祁岩，等.核心素养视阈下地理过程类问题的考生思维诊断分析与教学启示 [J]. 考试研究，2022（03）：19-29.

② 王敏 .SOLO 分类评价理论在化学试题设计中的应用 [J]. 中小学教学研究，2009（06）：15-16.

表 2-1　跨学科学习活动评价量表

等级	A	B	C	自评 15%	互评 15%	教师评 50%	社会主体评 20%	总评
参与态度	能主动组织和参与活动，表现积极	能参与活动，但主动性不强	有时参与活动，积极性较差					
合作程度	小组沟通融洽，配合友好，互相帮助	在合作活动中较少与组员沟通，自己做好自己的事	没有交流，甚至与小组成员产生矛盾					
创作表现	思维敏捷，点子多，在活动中有创意	主要作为倾听者，以模仿为主	完全依赖教师、同学指导，独立性较差					
成果展示	作品产出质量较高，能够发表展示	作品基本完成，质量达标	没有完成作品或完成的质量非常差					

注：该评价量表只适用于三至六年级学生的活动评价。

（四）评价过程开放

《义务教育语文课程标准（2022 年版）》明确指出"教学评一体化"的概念，在"过程性评价"的"课堂教学评价建议"板块，提出"教师应树立教学评一体化意识，科学选择评价方式，合理利用评价工具，妥善运用评价语言，注重鼓励学生，激发学生的学习积极性"[①]。

其中，在阶段性评价建议部分体现了评价过程的开放，不限于期末测试成绩单一评价方式，秉持素养立意，紧密结合学段的学习内容，关注学段间的进阶关系和横向联系，对学生的学习成效进行评价。跨学科学习同样强调过程性评价，在跨学科学习过程中，也可以依据跨学科学习主题活动的意义感知阶段、概念形成阶段、任务驱动阶段、知识融合

① 中华人民共和国教育部．义务教育语文课程标准：2022 年版 [M]．北京：北京师范大学出版社，2022：48．

重构阶段以及成果展示阶段展开横向联系并关注不同学段间的跨学科学习内容规定的进阶关系，制定学习过程阶段性评价量表，包括自评打分、他评打分以及教师评打分三部分共同组成，对学生在跨学科学习过程中的表现进行不同阶段的评价，增强评价过程的科学性。

跨学科过程学习的开放性能够帮助教师及时发现学生在跨学科学习中遇到的困难，并对教学的计划进行及时的调整，体现了以评促教；学生也能够通过教师给予的阶段性学习评价，及时发现自己的优点和缺点，扬长避短地进行下一阶段学习，体现了以评促学；"教—学—评一体化"能够及时调整教与学过程中出现的问题，也体现了跨学科学习评价的开放性，能够协助及时调整跨学科学习活动中的教与学。

六、空间的开放性

跨学科学习不同于一般性的学科教学，教学过程中需要借助多种学习资源。其中，空间学习资源也是很重要的一条，在场地选择上不限于在课室内，可以走出教室、走出学校，在空间上体现了开放性的特点。在跨学科学习的指导过程中，教师需要依据不同学习主题，寻找适合的跨学科学习场地，提供适合跨学科学习的环境，可以与当地的社区相联系，充分利用好地方文化馆、博物馆、体育馆、社区公园等学习场地，拓展跨学科学习的空间资源。

（一）行走的教室，拓展学习空间

1. 从课室内走向课室外

在跨学科学习中，学生仍然是学习的主体，需要寻找适合学生进行跨学科主题学习的活动场所。传统的学科教学一般只需要在教室中完成，但是跨学科学习具有其特殊性，因为是基于真实情境中创设的学习问题。在解决时，需要依据真实的情况，寻找合适的场地尽可能还原问题情境，有必要时可以走出教室，依托校内环境资源进行跨学科学习。

2. 从学校内走向学校外

跨学科学习是一种全新的学习方式，也应为其构建全新的学习空间，可参考近年来很火爆的研学旅行，逐步探索校内与校外的学习资源联动，将学校学习知识与学生的实践体验相连接，让学生在行走中学、做中学，加强各个学科知识与生活的联系。但走出校园的学习必须依照课程标准中的教学目标进行跨学科学习的主题活动设计，并对加强学生的人身安全保障。

3. 从国内走向国外

跨学科学习活动除了依据本地、本国学习资源进行设计之外，还需要着眼于国外。行中国之路的同时，也要行世界之路，学习国外先进的STEAM教育、PBL项目式学习等为我们的跨学科主题学习活动提供借鉴，从资源上拓宽学习空间。

（二）创设情境，打造开放学习空间

跨学科学习注重情境性，强调亲历、体验合作学习。语言和多媒体手段是跨学科学习创设真实问题情境的重要工具，在一定程度上也拓宽了学习的空间，尤其是在地方学习资源建设相对落后的地区，教师可以借助语言和多媒体工具，为学生打造开放式的学习空间。

1. 在作品赏析中培养审美情趣

在跨学科学习中，强调学习的体验感，但教师无法带领学生到现实场地进行参观、实践，这将让跨学科的学习效果大打折扣。在这时，运用言语和多媒体技术对学习环境进行还原，拓宽学习的空间，就显得尤为重要了。如在学习统编版语文四年级上册第七单元《为中华之崛起》一课中，由于现实生活与当时的社会背景距离较远，学生无法体会到"为中华之崛起而读书"这句话背后的责任担当，教师可以通过联系历史知识，通过义愤填膺的语气对历史的背景知识进行阐述营造氛围，再通过联系艺术学科，对历史图片进行电影式快闪放映，辅以背景音乐还原当时社会的黑暗，中国情况的危急。通过情境创设让学生获得跨时空的对社会背景的亲历体验，激起学生的民族意识和爱国情怀，这时再引导学生进入故事主人公周恩来先生的角色，进一步体会"为中华之崛起而读书"这句话背后的力量。

2. 在竞赛中提高学习积极性

魏书生先生曾说："即使毫无直接兴趣的智力活动，学生因渴望取胜而产生间接兴趣，也会使他们忘记事情本身的乏味而兴致勃勃地投入竞赛之中。"跨学科学习活动在课室中进行时，学生可能会产生与以往学科学习相同的体验感，对学习更倾向于教师引导讲解这种接受式的，而非自觉性较强的探究性学习活动。这时可以依据跨学科学习主题的需要，适时创设开放、有趣的竞赛情境，调动学生的学习积极性。比如，在数学轴对称图形知识的学习中，教师可以将学生分为若干个小组组织比赛，两两小组为竞争对手，依次派组员到黑板上绘制轴对称图形进行PK双方绘制的图形不能一样，最终绘制最多且正确的小组进行课堂奖励加分。这样的学习，能够快速激起学生的学习欲，把学到的学科知识联结绘画知识进行融合内化，在竞赛中进行绘制外化，在打造了学生自主学习的趣味竞赛空间的同时，提高了学生学习的积极性。

3.从课本剧表演中玩中学

在语文学科的学习中很重要的一点就是进入文本情境，吴忠豪教授也提出"语文课应该用课文学语文"。同样在语文的跨学科学习中教师也可以充分利用课本资源创设学习情境，拓展学习的空间资源。如在统编版四年级下册第五单元《记金华的双龙洞》中，教师可以依托文本的游览顺序创设"我是小导游"的跨学科学习情境，让学生融合地理、化学、人文知识介绍双龙洞的风光，让学生在文字中体会、在文字中旅行。把课本当成剧本在玩中学，加深对跨学科学习知识的印象，同时也能让跨学科知识的融合更为顺畅。

（三）智慧远程互动，构建跨区域学习空间

现在教育资源仍存在区域间分布不均的问题，利用信息技术实现跨学科学习的远程互动，实现校与校、地区与地区、国家与国家之间的远程实时教学，构建跨区域学习空间。运用现代信息技术实现教育远程互动，在跨学科学习的过程中可以借鉴其他学校、其他地区、其他国家在跨学科学习方面的优势，帮助建设本校的跨学科学习活动。比如相对国际化的英语学科，在跨学科学习时，教师可以让学生通过远程互动教室与其他国际学校的学生进行互动交流沟通、线上实时学习，拓宽学生的学习空间。

第二节　跨学科原则

在开放性的基础上，跨学科学习的指导也应该遵循跨学科的原则

实施。

一、跨学科之界：从分科教学走向跨学科教学

在传统的教学中，分门别类地将各种问题依据学科侧重点划分成为不同的学科知识板块，在一定程度上将知识割裂开来，不利于学生对知识的整体把握和理解。学生在分科教学的情况下，难以将课本知识与现实生活世界联系起来。而跨学科教学是已有学科边界的跨越与突破，所有跨学科的实践活动都基本上关涉到两个或两个以上的学科，能够让学生将不同学科的知识融合联通，综合运用，加强学科之间的关联，并且这些学科的知识、理论抑或方法并非独立并行，而是处于交互协同的状态，正是因为交互与协同产生出了新见解、新知识或新思维。跨学科学习从目标着眼，需要"情境中的实际问题解决"，这样能够加强学生与生活之间的联系。同样，也正是因为单一学科的知识、内容与方法无法解决当前所面临的现实情境的复杂问题，所以需要依托其他相关学科的知识、理论或方法加盟助力，协同支持，一起发力，最终让遇到的问题迎刃而解。

但是，走向跨学科教学并不意味着抛弃传统的分科教学，分科是跨学科的前提，跨学科教学虽然反复强调反对分科教学、消解学科壁垒，但其前提恰恰是学科壁垒的预设①。

跨学科教学和分科教学都有存在的必要性。分科教学能够使学生较为系统地掌握单一学科的知识，帮助学生建立完整的学科思维。而跨学科教学是基于分科教学的基础上，在每一门学科中抽出 10% 的课时进行跨学科学习，以便打开学生的学习思维，与其他学科进行融通，打破单一学科思维的桎梏。

（一）学生的生活是完整的，学生的课程是不分科的

生活不止眼前的苟且，还有诗和远方。但我们不能否认的是生活之所以存在，就是眼前的苟且和诗和远方共同构成的。例如，王安石他是一个政治家，但他同时也是诗人、画家，人的生活本身就有多面性，并不是说当诗人的就不能画画，不能种花，不能议政。同样，一篇科学文章，它陈述的是科学理论，但它同时需要语言作为载体，数学运算作为方式，

---

① 田娟，孙振东 . 跨学科教学的误区及理性回归 [J]. 中国教育学刊，2019（04）：63-67.

地理、化学等学科探寻作为研究基础，最终这篇科学文章价值的实现还需要工程实践进行制造，产出成果。仅仅靠一些科学理论这篇文章是无法独立呈现的。

我们生活也是如此，在生活中学科之间是融通的，互相独立又互为支持。但是在目前的分科教学中，难以整合学科资源，让学生体验到知识之间的相互关联。所以，跨学科教学就应运而生了，它是学科知识融会贯通的桥梁，能够连接现学生实生活，也能够发展学生的思维，把学生的思维提高到学科知识融合解决问题的高度，也通过跨学科学习更好地为分科教学知识的掌握灵活运用服务，这也是跨学科教学十分重要的目的。

（二）教学不是灌输式的，知识不是静态的

教学不是灌输式的，知识不是静态的。书本上的知识不能只是简单地告知学生它就是这样的，要让学生明白它是怎么来的，有什么用处，可以通过什么样的实践去使用它，这才是我们教学的目的。学习的最终目的是真正学会，这要求学生在掌握基本学科知识后，能够灵活运用知识解决现实情境问题，达到活学活用的效果。

我们如果仅仅告诉学生课本的科学小知识，根据影子的长短和方向判断现在大概是什么时间段，太阳在地球的哪边。这只不过是太阳东升西落和太阳高度角背后的知识，学生并不能知道其中的奥妙。所以我们的教学并不是直接告诉学生这个知识点，而是引导学生通过真正去动手实践、自主学习、合作探究等一系列实践活动真正体会到这个知识是怎么来的，依据太阳高度角的科学知识，使用数学知识去测量影子长度用以计算，再根据太阳东升西落的地理科学知识，三者相结合，再用自己的语言把自己的实验探索结果表达出来，这时学生才算真正学会了这一知识点。但是此次学习过程中，并不只是科学学科参与了，还包括数学学科、地理学科和语文学科。这意味着，真正学习的发生、真正的活学活用必然是跨学科的。这也就是为什么实践性较强的学科都需要配备专门的实验室、器材室供学生进行学习，只有学生亲历学习、进行体验，才能真正理解和运用好所学的知识。

又比如，在语文学科中，学生平常在基础题部分做的是一些语文常识知识。但在阅读题中，比如给句子排序则需要运用到数学学科中的逻辑思维、在阅读题的信息归纳中，则需要用到信息筛选归类的数学方法。在一些选择题中，还需要综合使用历史知识进行加工。尤其是在作文题

方面，开放性更强，基于生活引导学生进行写作，学生写的东西不只是语文的还包含许多生活中隐藏的其他学科。要使学生真正学会学科中的一个知识点，必然会用到跨学科学习的方式，这不仅出现在科学实验、语文阅读、写作，数学应用题，地理知识上，在每一学科中都有体现。

这也就说通了，为什么当前各个学科都需要抽出10%的课时进行跨学科学习。因为跨学科本身在各个学科中就是存在的，只不过以前忽视了它的存在和作用。

（三）学生学习的创新要求

我国伟大的数学家钱学森先生曾经提出了著名的钱学森之问"为什么我们的大学培养不出杰出人才？"杰出人才在一定程度上指的就是具有创新思维能力的人才，为什么我们国家的大学难以培养这种人才呢？其实根源性的问题不出在大学。在过去，从基础教育开始，我们一直采用分科教学和应试教育相结合的人才培养方式，在一定程度上限制了学生思维的发展，在学生脑海中，学科之间都是独立存在的，也是分门别类进行考试检验的。于是，学生没有将学科之间的知识相互关联，思维也被分科教学限制住了。

创新通常发生在两个及两个以上的概念相互交叉，从而产生新的知识。而分科教学恰好就是把学科之间的联系割裂了，学生难以把学科知识联系起来，自然而然创新思维也就被限制住了。

如今，我们的社会发展需要创新人才，创新是引领社会发展的第一动力。培养学生就是为了将来学生进入社会能够从事创新实践，为国家的科学发展和社会进步做贡献。跨学科教学恰好能够在分科教学的系统掌握各个学科知识的基础上，再进一步扩展学生的思维，联结其他学科，培养学生综合运用多种知识学习思考问题的习惯。在今后遇到生活问题中，学生就能自觉地把多种学科知识调动起来解决问题，提出更多样化的解决方案。

（四）全面发展的育人要求

我们的教育目标是培养全面发展的人，但是目前我们的教学形式仍然采用的是分科教学，是分门别类进行的，学生的学习活动也是依据不同学科分别开展的。那现有的教学模式与我们的育人目标就产生了矛盾，通过分科教学如何能够实现人的全面发展呢？

事实上，分科教学只是内容组织的外在形式，在内在逻辑关系上，各个学科之间本身是无法割裂开来，独立存在的。全面育人是我们最终指向的育人目标，那如何通过分科教学中内容的学科逻辑关联来实现全面育人呢？现在提出的跨学科学习就是不二的选择。在系统掌握分科教学知识的基础上，调动相互关联的学科共同进行学科协同育人，从不同方面培养学生的各种能力。依托跨学科学习的情境把各个关联学科知识串联起来，解决主体学科面临的真实情境问题。立足主体学科教学，联结其他学科知识为解决现实问题服务。这样的跨学科教学方式，既保留了原有的分科教学优势，又能符合当前提出的全面育人要求，将各个学科知识相互连通起来。

二、跨教材之界：从教学的工具走向人文关怀的文本

其实，各个学科与政治、经济、社会、语文、艺术等都具有千丝万缕的联系，每个学科都具备人文性与工具性。而如今，在应试教育背景下的学科教学偏重于学科知识和技能的掌握，过于强调教学的工具性。但是，若将各个学科教材知识相互融合，对主题学科教材知识进行重构，跨教材之界把知识与技能的教学与相关联的历史背景、诗歌、音乐等结合起来，拓宽教材的知识面，就能够把教学的工具性与人文性统一起来。另外，教材不是学习的唯一资源，学习资源也不是只有纸质教科书这一种形态，教师需要了解学生的内心需求、想法、问题与期待，做好拓展性学习，必要时可以从生活中进行取材，辅助课堂教学。最后，教材不应被视为纯粹的教学工具，它是沟通学生与教师、学生与生活、学生与社会的一座桥梁，要充分发挥教材的桥梁优势，使生生、师生之间、师生与教材之间、学生与生活社会之间具有充满人文关怀的对话，使课堂焕发出人文关怀的色彩。

（一）跨教材学科之界，统一学科教学的人文性与工具性

著名语文教育家于漪说过："语文是工具性与人文性的统一。"其实，不是只是语文学科，其他学科都应该具备这两种性质。但是，在学科教学的过程中不可避免的便是学科的工具性，之所以分门别类地把知识划分为各个学科，是便于学生更好地掌握系统的学科知识，但是这种划分形式下的教育往往可能会忽视学科的人文性，而偏重于学科的工具性。从教育的角度来看，单一的语文、数学、英语等学科作为基础学科，其价值总体偏向工具性，在一定程度上忽视了人文性。应试教育的大背景

下基础学科的教育过分注重学生学科教材知识点和技能的掌握，重在训练学生的解题技巧以及学科考试经验的积累，使基础学科本身具备的文化价值慢慢被忽视。教师在学科备课的过程中，依据课程标准和考试大纲对单一教材进行解读和教学设计，偏重于考虑教材中呈现的概念、定理、知识运用、技能操练等。在这种情况下设计出来的课堂教学必然是抽象、单调偏重于工具性的。这种情况仅靠对人文性重视对教材重新解读和设计是很难改变的，要真正打破学科教学的工具性壁垒，还需要真正回到造成工具性与人文性分离的根源，那就是对多学科教材进行整合。学科教育并非纯知识、纯技能的传授，从教育核心素养来看，学科教育应该被视为文化素质教育。

在《义务教育语文课程标准（2022年版）》首次提出的跨学科学习中，就为学科教育从工具性走向人文性提供了实施途径，教师可以尝试在主体学科教学的过程中，融入其他学科辅助教学，对各个学科教材进行二次解读和重构，重新开发一个跨学科学习的主题，通过创设情境把各个学科教材的知识相互融合，将学科文化融入课堂，帮助学生开启真正的人文性和工具性相统一的跨学科学习。

（二）跨教材资源之界，凸显教学的人文性

在跨学科教学过程中，教学手段除了重新进行学科整合的教材配套的文字资源、插图资源等的利用。还可以从教材中走出来，依据学生的学习需求、内心想法、问题与期待，进行学习取材，让学生感受到课堂的人文气息。

首先，可以对课堂教学中的简笔画、自制的教学用具进行开发和利用。比如在数学跨学科学习的方位学习中，可以引导学生学校方位图做简笔画，加深学生对方位的认知，还可以引入历史指南针的知识，运用科学小道具动手自制指南针。

其次，也可以依据学生课堂生成的问题进行拓展性学习，运用现代多媒体技术，对相关拓展内容进行资料收集，还可以利用音频、视频等资源烘托课堂学习气氛，通过艺术的熏陶让枯燥乏味的课堂变得活泼生动。比如在语文跨学科古诗词学习中讲到在古代诗词不仅能诵也能吟，适时放一段古代诗词知识小视频，并找到吟唱配乐带领学生边唱边背诵，让学生脱离枯燥的诗词背诵，换种更具人文味的吟唱的方式把诗词记住。

最后，必要时教师可以从生活中进行取材，比如在教材中出现的一些物品，如果能带到课堂当中，更能够让学生感受课堂背后的人文味，

真正走进跨学科教学的课堂。比如在数学跨学科学习中测量树叶，那么教师便可以真正带一片树叶到教室，让学生在教室中也能感受到大自然的清凉；比如在科学跨学科学习中了解比热容，那么教师可以把一杯沙子和一杯水带进课室让学生进行感知，感受大自然的神奇之处；又比如在德育跨学科学习中谈到劳动真光荣，那么教师可以将一株水稻和一根扁担带进教室给学生讲述它们背后的劳动故事，真正体会到劳动的不易与尊重、热爱劳动。

（三）跨教材工具之界，焕发人文关怀色彩

教材是教学的必要准备和辅助工具，但教材更是培养人才的重要工具，是立德树人、培根铸魂、启智增慧、文明传承、文化创新的重要载体。

在跨学科学习中，教师需要突破以往教材仅是知识承载工具这一想法的桎梏，融合多学科进行真实生活问题情境的教学，需要教师把教材看作是沟通的桥梁。教材不只是学习的工具，它更是沟通的桥梁，沟通了生与生之间的学习对话、师与生之间的学习对话、师生与教材之间的学习对话、师生与生活社会间的学习对话。教材是具有人文关怀的对话载体，在跨学科学习中，我们可以对真实生活问题进行解构，通过生生、师生合作对话，在教材中寻找解决途径的共同探究中顺势了解教材背后所蕴含的哲学思考、轶闻趣事、人文知识、历史背景、自然之美等，在学习之余也能够开拓学生的视野、打开学生的思考方式、提高学生的人文素养，让原本单调的知识学习过程焕发出人文关怀的色彩。

三、跨认知之界：从离身认知走向具身认知

（一）认知理论的发展

乔治·莱考夫（George Lakoff）和马克·约翰逊（Mark Johnson）对认知科学的范式进行区分，对其发展阶段进行定义，分别为"离身认知科学"和"具身认知科学"[①]。第一代认知科学认为，大脑皮层抽象推理的功能独立于人的身体；第二代认知科学以精神和身体、思维和行为、理性和感觉之间紧密的交互为特征，尤其重视"身体"本身在认知科学

---

① ［美］乔治·莱考夫（George Lakoff），［美］马克·约翰逊（Mark Johnson）.肉身哲学：亲身心智及其向西方思想的挑战：全二册 [M].李葆嘉，孙晓霞，司联合等译 . 北京：世界图书出版有限公司北京分公司，2018：99.

研究中的重要地位①。20世纪80年代以来"具身化"得到了哲学、神经科学、语言学、心理学等领域的关注，来自脑科学领域的"镜像神经元"的发现也为具身认知提供了重要证据；法国身体现象学的代表人物莫里斯·梅洛-庞蒂（Maurice Merleau-Ponty）提出了具身哲学的思想。从知觉现象学的角度，身体的知觉是行为产生的基础，我们关于世界的认识是通过身体这一中介实现的，头脑、身体与所处的世界是不可分离的，强调了认知、身体与环境的动态统一②。由此可见，在人的认知中身心是一体的并不能割裂开来，同样在教育的认知中，我们也要秉持身心一体的理念。传统课堂的知识教授，不需要学生动起来，只需要带着脑子进入教室，用脑子对知识进行思考和接受，身体乖乖端坐就行了。这种传统课堂的教授模式，其实就是"离身"的心智训练，形成了一种"灌输式"的教育，忽略了身体在学习过程中的存在，换而言之，难以让学生真正地成为课堂学习的主体。为了让学生真正主动参与课堂，我们需要提供身心一体化的具身学习模式。

（二）新型的具身认知学习模式：跨学科学习

那么，我们该如何突破原有的传统学习模式，从离身认知走向具身认知呢？

《义务教育语文课程标准（2022年版）》中首次提出的跨学科学习就做到了把学生的认知、身体和环境统一成为动态活动的一体。跨学科学习把知识从传统的口头传授转变为第二代认知科学所倡导"具身的"强调了学生在现实生活的问题情境中，由学生亲历"情境的"活动体验，通过独立学习、合作探究培养学生"发展的"学科融合思维等高阶思维，遵循心理"动力学的"的观念利用趣味化的情境激发学生学习的强大内驱力，从而塑造人格，提高学习动机，引发学生主动参与的学习行为。

"具身的认知体验"并不限于真正的现实物理环境，也不意味着真正走出课堂的教学效果会优于教室学习的效果，这里的"具身的认知体验"是指教师充分利用现有的学习资源，依据课程标准及跨学科学习主题，对教学环境、教学媒介等进行选择，可以运用物理的真实场景，也可以运用语言、现代信息技术等创设出能够帮助学生获得具身体验的真实生活问题情境，为学生带来更为丰富的活动体验。

---

① 韦宏霞.浅谈"第二代认知科学"的认知观 [J].科技传播，2010（7）：82-83.

② 张露，尚俊杰.基于学习体验视角的游戏化学习理论研究 [J].电化教育研究，2018，39（06）：11-20+26.

具身认知理论认为，行为或认识没有规则，没有结构，是一个随着时间变化而呈现动态发展的连续性过程。这意味着教学的目标和教学的过程都需要定在一个给予学生足够自由的特定路径上，让学生自由选择合适的学习方式进行学习。这种具身认知理论学习的方式体现了预设与生成的辩证统一，强调了学习过程的发展性。跨学科学习尤其强调学习的过程性，打破了传统课堂教学的过度预设，课堂的实施和推进是由学生围绕着真实生活问题情境展开的。由教师引导和学生独立学习、小组共同合作探究主体学科知识和各个学科之间的知识关联，共同交流讨论构建解决问题的方案，教师则依据学生的发展和课堂的生成，适时调整教学方案并给予指导，从而推动课堂教学的前进。整个课堂的是一个随着学生思维的动态发展前进的连续性过程，体现了学习过程的发展性。

具身认知理念引进了心理学的"动力学"概念，认为认知的发生是大脑、身体与环境的三方动态交互，从而能够使静态的教学变为动态的，激发起学生的学习内驱动力。跨学科学习活动的开展是依托真实问题情境，使学生的学习更加地投入；通过学生的亲身独立学习、合作探究对问题进行研究，进一步加强学生的课堂参与度；通过小组交流进行思维碰撞，提供更多的交流机会，提高学生的表达交流欲望，共同商量出问题的解决方案。另外，有趣的学习情境也能够调动学生的学习积极性，引发学生对跨学科学习活动的主动参与。

第三节　实践性原则

跨学科学习从内容选择、学习活动方式和学习成果等多个视角看，除了是开放性、跨学科性的，还是实践性的。它和以往的学科教学不同，更强调学习的情境，指向的是现实世界真实问题的自主学习与合作探究，凸显了学习过程中的实践性。以情境中真实的生活问题带动学生运用多种学科知识进行思考，培养学生学科知识的综合运用能力，通过观察、探究、调研、作品呈现等实践方式，培养学生的动手能力、创造能力等高阶思维能力，培养学生未来参与社会生活实践的能力。

一、跨学科学习实施过程体现实践性

跨学科学习的实施过程体现实践性，主要表现为重探究、重应用，重过程、重参与，重方法、重体验，重创造、重成果[①]。

（一）重探究、重应用

跨学科学习活动由教师创设适合学生进行实践的真实生活问题情境为任务驱动，引导学生通过主体学科与其他学科知识相联结，对问题进行独立思考和合作探究。在此过程中，强调每一个学生手脑并用，从感兴趣的部分入手进行思考和探究，使学生产生学习的动力，进而激发学生的跨学科学习思维，使他们积极投入自主、合作、探究的实践活动中，并调动跨学科的相关知识进行应用。

（二）重过程、重参与

在学生进行跨学科学习中，学习过程尤为重要。学习过程需要学生之间相互交流、拓宽问题解决的思维，丰富解决问题的方法，让每一个学生都参与到跨学科学习的实践中来。可以围绕某一知识点进行交流和讨论，通过相互讨论、互相合作，使学生掌握的知识更加地牢靠。在交流的过程中进行实践分工，如纸笔记录、实践控制、工具准备、资料搜集等，把每一项实践任务落实到个人，提高跨学科学习的实践效率，保证跨学科学习实践过程的全体参与。

（三）重方法、重体验

跨学科学习活动过程中使用的学习方法体现实践性，如观察活动、实践调研、考察探究、设计制作、游戏竞赛、知识宣讲等。在跨学科学习过程中使用这些学习方法，能够更好地帮助学生进入跨学科学习的真实问题情境，增强跨学科学习的活动体验感，给予学生进行实践亲历情境的机会，更好地体会理解问题，以便后续将各个相关学科知识融合重构解决问题。

（四）重创造、重成果

跨学科学习的目标不仅指向主体学科课程和其他学科课程的知识技能、学习方法、学习经验等的习得和对将各种知识综合运用的探究实践过程，而且注重跨学科学习成果通过实践行动进行物化，最终要有实物或者文本成果，例如实验装置、手抄报、调查报告、3D模型、手绘海报等，

---

① 彭小明.试论《语文课程标准》的新理念 [J].丽水师范专科学校学报，2004（04）：63-66.

通过实践性物化学习成果，培养学生的动手操作能力和创造能力。

二、跨学科学习培养目标聚焦实践性

跨学科学习旨在提升学生的思维品质和解决真实生活问题的关键能力。跨学科学习体现实践性的原则。

（一）用实践深化学习认知，加快形成综合实践能力

跨学科学习的实践活动有助于学生在对知识进行融合重构后在真实生活问题情境中进行运用。首先，通过观察活动、实践操作、合作探究、动手创作深化对多门学科知识内容的把握，从而内化为自身的知识。其次，在真实生活问题情境中加深对内化知识的了解，能够建构自己的跨学科知识体系。最后，在完成跨学科学习成果的实践中进行创意制作对知识进行迁移运用，加快综合能力的形成。

（二）学习、实践、创造三合一的学习模式，培养社会实践能力

跨学科学习以主体的学科知识为基础，结合其他学科知识，并以典型的生活素材和学科发展的前沿问题为载体，创设适合学生发展的真实生活问题情境，依托跨学科知识的学习、方法的运用，培养学生分析问题、解决问题的能力。跨学科学习能够让学生在问题情境中边学习边实践、边实践边创造、边创造边学习，将学习、实践、创造三者合为一体，培养学生参与未来社会生活的实践能力 ①。

---

① 孙伶俐，罗军兵.从"强基计划"看中小学科学课程构建 [J].基础教育课程，2021（11）：21-27.

第三章　跨学科学习的教学设计

　　跨学科学习活动在进行设计时要体现跨学科学习的建构主义、多元智能、实用主义的设计理念，遵循"生本学习——明确跨学科学习的主体""寻找结点——确立跨学科学习的主体""创设情境——促进跨学科学习的融通""整合思辨——提升跨学科学习的能力""学科素养——不忘跨学科学习的初衷"的四个原则，并按照跨学科学习活动设计的准备、方案制定及实施、评价学生三方面对跨学科学习的活动流程进行设计。

第一节　设计理念

一、建构主义

　　在 20 世纪 90 年代，建构主义作为一种新的认知理论被称为当代教育心理学中所发生的一场革命。建构主义学习理论是历经对让·皮亚杰（Jean Piaget）、杰罗姆·S. 布鲁纳（Jerome S.Bruner）、维果茨基（Lev Vygotsky）、莫林·C. 维特罗克（Merlin C.Wittrock）等人的早期建构主义思想不断发展起来坚信知识是由认知主体主动建构的结果学习是认知主体的一个意义建构的过程教学是培养学生主体性的创造活动、是引导学生从原有的知识经验中生长出新的知识经验的过程教师应是学生主动建构意义的促进者、合作者和指导者。建构主义学习理论对知识、学习和教学提出的新的思想观点较好地说明了人类学习过程的认知规律是当代教学改革的重要理论依据。我国有学者把与建构主义学习理论相适应的教学模式概括为："以学生为中心在整个教学过程中由教师起组织者、指导者、帮助者和促进者的作用利用情境、协作、会话等学习环境要素充分发挥学生的主动性、积极性和首创精神最终达到使学生有效地实现对当前所学知识的意义建构的目的。"①

建构主义的主要观点由知识观、学生观、学习观以及教学观四部分组成。

（一）建构主义的知识观

建构主义的知识观认为，知识不是对现实纯粹的客观反映，它只不过是人们对客观世界的一种解释、假设或假说它不是问题的最终答案它必将随着人类的进步而不断地变革、升华和改写出现新的解释和假设②。这也对我们传统的教学模式提出了质疑，过分强调了书本固定不变的知识，不容置疑地让学生把现有书本知识当作唯一的真理进行接受，学生并未通过自主对客观世界进行观察、感知、探究等，从而产生对问题的认识。而目前跨学科学习提出的"个性化、情境化"教学，正是建构主义所倡导的。充分尊重学生在学习活动中的主体地位，知识不是由教师依据课本向学生传递，而是让学生在真实生活问题情境中借助已有经验知识对问题进行自主探究、自主思考、自主创新，在跨学科学习活动中自主认知世界、在认知中学会做事、学会更好地生活，培养学生的自学能力、思维能力、合作交流能力、审美能力、创新创造能力等。真正在情境中亲历实践探究，能够让学生对知识进行自我判断和审视，从而重构自身的认知世界。

（二）建构主义的学生观

建构主义的学生观认为，学生是自己知识的建构者，学习不是简单的信息输入、贮存和提取过程，也不是简单的积累，而是在已有的知识经验、心理结构和信念的基础上去形成知识的意义，实现新旧知识的综合和概括③。这正是跨学科学习所体现的，多学科知识的融合是由学生基于自己已有的多学科知识和生活经验，通过在真实生活问题情境中对多学科知识进行理解，与学习环境进行互动，借助教师指导、小组合作、资料查询等主动对外部所获得的学习信息进行选择、加工和处理，进行新旧知识之间的双向互动，打破原有图式，进行同化和顺应，从而达到新旧知识之间的平衡，在大脑中构建新的图式帮助从而获得自己的意义，

---

① 陈威.建构主义学习理论综述 [J].学术交流，2007（03）：175-177.
② 陈威.建构主义学习理论综述 [J].学术交流，2007（03）：175-177.
③ 程蹊."一个模式、四大融合"混合式教学的理论与实践 [J].武汉冶金管理干部学院学报，2021，31（04）：29-33.

建构自己的理解过程。

（三）建构主义的学习观

建构主义的学习观认为，学习不是知识由教师到学生的简单转移或传递，而是主动地构建自己知识经验的过程，这种构建是任何人不能代替的，强调学生学习的主动构建性、社会互动性和情境性[①]。因此，建构主义学习理论认为学习环境中的四大要素为：情境、协作、会话、意义建构[②]。跨学科学习也基于这四个要素开展学习活动，跨学科学习依据课程标准要求，确定适合学生学习的活动主题，并在真实或类似真实的情境中学习。教师可以向学生提供真实学习环境或者提供大量真实生活案例并恰当运用现代化的教学媒介为学生创设真实生活问题情境，目的是利于学生在创设的真实生活问题情境中主动探索、主动发现，并发挥联想的思维尝试进行新旧知识概念之间的联系，通过思考对问题做出新的解释，尝试解决问题，主动对所学内容在学习情境中进行意义建构。并在学习过程中积极加强协作学习，跨学科学习注重实践探究过程中的交流与合作，包括学生与学生之间、教师与学生之间、学生与学习环境之间的交流对话，主要表现为小组合作与探究、小组交流与沟通、小组科研、小组成果制作等活动。加强人际间的交流协作，在对话中互相学习借鉴，在提问质疑中激活思维，使学生在头脑中生成更为全面的概念、原理、想法等，也借此达到意义建构的目的。意义建构是贯穿于整个跨学科学习过程，也是跨学科学习的最终目标。在跨学科学习中获得知识的多少取决于学习者根据自身经验去建构有关知识的意义的能力，在每一环节的活动中，都由学生根据新旧知识的双向互动对学习跨学科学习活动的知识进行重新建构。

（四）建构主义的教学观

建构主义的教师观认为，教学不能无视学习者已有的知识经验，不能简单地强硬地从外部对学习者实施知识的"填灌"，而是应该把学习者原有的知识经验作为新知识的生长点，引导学习者从原有的知识经验中，主动构建新的知识经验。教学不是知识的传递，而是知识的处理和

① 程蹊."一个模式、四大融合"混合式教学的理论与实践 [J].武汉冶金管理干部学院学报，2021，31（04）：29-33.
② 郭巧能，秦立，杨静，等.科学美感培养与信息技术运用融合下的混合式教学模式探究 [J].物理与工程，2021，31（06）：183-190.

转换。教师和学生、学生与学生之间，需要共同针对某些问题进行探索，并在探索的过程中相互交流和质疑①。跨学科教学不是简单的知识传递，而是学生自身对知识的处理和转换。认为学生并非空着脑袋进入课室的，跨学科学习活动的开展要基于学生原有的知识经验基础，让学生在真实生活问题情境中接收新的知识与自身原有知识经验相联系，从而生发出自己主动建构的新的知识。在跨学科教学中，教师也并非知识的直接传授者，而是学生学习方法的指导者、知识理解的点拨者、意义建构的引导者和学习活动的合作者，教师需要尊重学生的主体学习地位，充分发挥学生的自觉性、主动性和创造性，并用心倾听学生的想法、用心观察学生的学习过程以便于给予学生及时的个性化指导，培养学生思维能力、动手实践能力、自主建构跨学科学习知识的意义等能力。

二、多元智能

1983 年，美国心理学家霍华德·加德纳（Howard Gardner）首次提出了多元智能理论。多元智能理论认为，不存在单纯的某种智力和达到目标的唯一方法，每个人都会用自己的方式来发觉各自大脑的资源，这种为达到目的所发挥的各种个人才智才是真正的智力，造就了人与人之间的不同②。

（一）多元智能理论

加德纳经过多年对心理学、生理学、教育学、艺术教育的研究，证明了人类思维和认识世界的方式是多元化的，至少存在八种以上的思维方式，它们构成了人的八种智能。

（1）语言智能（linguistic intelligence）：用言语思维、用语言表达和欣赏语言深层内涵的能力。

（2）逻辑—数学智能（logical—mathematical intelligence）：计算、推理和思维的能力。

（3）空间智能（spatial intelligence）：在脑中形成一个外部空间世界的模式并能够运用和操作该模式的能力。

① 王慧玲，陈雪.基于建构主义理论对小学英语教学的分析与启示 [J].海外英语，2021（18）：209-210.
② 张春玲.多元智能理论及其对素质教育的启示 [J].中国教育学刊，2002（03）：9-12+60.

（4）音乐智能（musical intelligence）：敏锐地感知音调、旋律、节奏和音色等的能力，包括欣赏、唱歌、创作等。

（5）身体运动智能（bodily—kinesthetic intelligence）：运用整个身体或身体的一部分解决问题或制造产品的能力。

（6）人际关系智能（interpersonal intelligence）：能够有效地理解他人和交往的能力。

（7）自我认识智能（intrapersonal intelligence）：个体认识、洞察和反省自身的能力，表现为个人能较好地意识和评价自己的动机、情绪、个性等，并且有意识地运用这些信息去调试自己的生活能力。

（8）自然观察智能（natural intelligence）：观察自然的各种形态对物体进行辨认和分类、能够洞察自然或人造系统的能力[①]。

这些智能在一定程度上具有独立性，即一个人某一智能较高，但其他的智能不一定能达到同样的水平。例如，一个人的言语智能较高，但自然观察技能、人际关系智能等可能达不到和言语智能同样的水平。但是一个人可以同时具备多种智能，换而言之，人是由多种智能组成的。只不过每种智能在人的智力总和中所占的比重不同，这也是个体之间智力差异性的体现。这八种智能在人类认识和改造世界的过程中发挥着巨大的作用，每种智能都有其独特性，如果在教育培养的过程中受到同等的重视，给予适当的智能训练和开发，那么每一种智能都有可能发展到一个比较高的水平，在人的实践活动中得到充分的展现。以往的学科教学只能培养学生的其中一两种智能，且偏向于基础学科的言语智能和逻辑—数学智能的锻炼，而忽视了其他学科方面的智能。但是，在个体参加社会实践的过程中，面对的现实问题比较复杂，并非具备言语智能和逻辑—数学智能就足够的。所以，智能的培养亟需一种能够训练多智能的学习模式，对多元智能进行整合。

那么智能应该通过什么样的学习模式进行培养呢？加德纳认为："智能是在特定的文化背景下或社会中，解决问题或制造产品的能力。"[②]

跨学科学习正是突破了原有的学科教学单一的培养模式，通过创设真实生活问题情境，以问题为任务驱动，训练学生多方面的智能。例如在跨学科学习的过程中，能够考查学生的小组沟通合作能力，训练学生

[①] 张春玲.多元智能理论及其对素质教育的启示[J].中国教育学刊，2002（03）：9-12+60.

[②] 郭东相，霍冉."多元智能理论"视域中的复合型、应用型英语人才培养模式研究[J].科技信息，2011（08）：170-171.

的人际关系智能；在总结反思部分，能够训练学生的自我认识智能；在实践成果物化部分，能够训练学生的言语智能、逻辑—数学智能、身体运动智能以及空间智能等，充分发挥和调动学生的多方面智能，从不同角度激发学生的智力潜能，为学生的智力发展提供更广阔的空间。真实问题情境下的学习，也能够使学生获得丰富的学习体验，突破学校环境的桎梏，在更为真实的情境环境下培养学生的智能，这样的智力培养学习模式更为合理。跨学科的课程整合可以作为实践的手段促进学生多元智能的发展以及核心素养的提升，同时，多元智能理论作为课程整合的理论支撑，也能够为建构起跨学科课程之间以及课程与社会生活各领域之间的深度联结提供科学指导①。

（二）智能的多元性、差异性、创造性以及开发性

智能具有多元性、差异性、创造性以及开发性的基本特征。智能的多元性要求教师在跨学科教学的过程中，要进行学科整合，关注、全面培养学生的各方面智能，教师在教学过程中也需要从多方面识别学生的才能。智能的差异性的要求教师在跨学科教学的过程中，要对统一教学内容采用不同的教学方法，立足于智能的差异性，对学生因材施教，并让学生自主选择适合自己学习的方法，尊重学习的差异性。智能的创造性要求教师在跨学科教学的过程中，要留有生成性的空间，及时对学生学习智能的发展进行关注和给予引导。智能的开发性要求教师在跨学科学习过程中，要细心观察，及时寻找学生的智能生长点，对学生的智能进行开发。

需要注意的是，智能并不是只有上述八种。加德纳指出，智能并不限于他提出的八种类型，人们可以继续探寻和增加智能类型。因此，教师在跨学科教学的过程中还应该关注学生在学习过程中表现出来的其他智能，及时给予学生发展智能的恰当指导。

1. 智能的多元性

（1）整合学科，全面培养学生的各方面智能。跨学科学习把主体学科与其他学科相互整合，把传统教学中的主科"语文、数学、英语"与传统教学中的"体育、美术、音乐、劳动"等副科相互融合起来，激发学生音、体、美等方面的智能潜能。通过不同跨学科学习的主题，以不

---

① 唐铿. 语文课程跨学科整合教学理念与路径研究 [D]. 西宁：青海师范大学，2022：56.

同的学科组合方式呈现学习，能够尽可能地培养学生的各方面智能。通过学科之间的融合交叉也能够激发学生对问题新的思考，发展学生的智能。另外，每个学科都有机会成为主体学科，其涉及的主要智能也能够在的跨学科学习主题中得到重视，这样就能够协同其他智能，充分发展主体学科涉及的智能，最大限度地激发学生的智能潜力。

（2）从多方面识别学生的独特才能。教师要全方面培养学生的智能，首先就要了解学生的智能优势，以便给予学生更全面的指导。人的智力不是单一的，而是由多种智能综合构成的，教师可以从不同的学习角度，识别学生的独特才能。在跨学科学习的过程中教师可以关注学生在解决问题过程中体现的智能，并观察学生的智能倾向。学生在课堂中不经意的举动，有时候就是教师了解学生的一把钥匙。例如，爱说话的学生，言语智能可能比较发达；爱搭建学习成果框架的学生，空间智能比较发达；爱思考提出新想法的学生，可能自然观察智能比较发达；等等。

2. 智能的差异性

（1）立足于智能的差异性，因材施教。按照加德纳对多元智能理论的阐述："学校教育的宗旨应该是开发多种智能，并帮助学生发现适合其智能特点的职业和业余爱好。"[①]多元智能理论认为每个人都有不同的智能，但是每个人身上呈现的智能类型和智能发展的程度都是不一样的。因为每一位学生都是独特的个体，在跨学科教学的过程中教师应该了解每一位学生的不同的智能，根据学生个体差异，为他们提供差别化的教学，因势利导、循循善诱、扬长避短，立足于学生智能的差异性，因材施教。同时，学生的智能不是一成不变的，是动态发展的，教师也需要及时跟进学生的智能发展，采用不同的教学策略和教学方法，引导学生理解跨学科学习的内容。

（2）多元学习方法，尊重差异性。多元智能理论认为教学过程是建构性与情境性的过程[②]，强调学生在学习过程中的主体性，因此，发展学生的多元智能，还需要从学生自主学习的角度出发，尊重学生的主体地位，由学生根据自身需求选择合适的学习方式，例如：分解学习法、讨论学习法、自主学习法等，尊重学生的学习差异，以学生能够接受的学习方

---

① 张春玲. 多元智能理论及其对素质教育的启示 [J]. 中国教育学刊，2002（03）：9-12+60.

② 曾晓洁. 多元智能理论的教学新视野 [J]. 比较教育研究，2001（12）：25-29.

式进行跨学科学习，教师适时给予指导即可。同时，也能够使学生对自己的学习和发展具有更自觉地责任感。

3. 智能的创造性

与建构主义一样，多元智能理论将教学过程界定为一种生成性的过程。加德纳没有直接论述教学过程的这种生成性，但又在其著作《受过训练的智能》一书中提出，在多元智能理论的基础上要建立理解的课堂教学，而这种理解的课堂教学就是重在理解的建构主义者的课堂教学。在跨学科学习的过程中，教师也需要关注学生智能的创造性，及时关注学生在课堂中通过思考、动手操作、合作讨论等生成的学习资源，并及时调整跨学科教学的方案对学生的智能创造生成给予回应。

4. 智能的开发性

学生的智能是动态发展的，学生的智能类型也是可增加的，智能的开发性要求教师在跨学科学习过程中要细心观察，及时寻找学生的智能生长点，对学生的智能进行开发。智能并不限于加德纳所提出的八种智能类型，还有很多人类潜在的智能还没有被挖掘和发现，教师可以及时关注学生在学习过程中表现出来的其他智能，及时给予学生发展智能的恰当指导。

三、实用主义

杜威是 20 世纪美国实用主义教育学理论的创立者和实用主义教育的践行者，其实用主义思想对世界教育的影响巨大。杜威实用主义教育思想主要包括教育本质论、教学论、儿童与教师论等。在教育本质论中，杜威提出了"学校即社会""教育即生活"的主张，认为教育的最终目的是服务社会、推动社会进步[①]。在教学论中，杜威对"课程与教材""做中学""教学过程"三个部分进行了阐述。在儿童与教师论中，杜威提出了与传统教育中"教师中心"迥异的"儿童中心"，一切教育活动围绕学生的需求开展。

---

① 孔莉. 杜威实用主义教育思想对文学理论教学的启示 [J]. 中国成人教育，2012（03）：113-115.

（一）教育本质论

1.教育即生活

杜威认为，"教育即生活"，教育不应都是为了未来的生活做铺垫，还要考虑如何为当下学生的生活服务。教育不能够脱离学生的日常生活，要与日常生活融为一体，教育内容紧贴当下社会生活，让学生在接受学校接受教育的同时，也进行生活化、社会化。跨学科学习的设计体现了生活化的特点，依据课程标准将学生的生活经验和社会关注的热点话题，融入教学内容中，通过创设真实生活问题情境让学生对生活和社会进行感知。

另外，通过情境中的学习实践活动解决真实生活问题，具有教育意义的同时，也具有生活的现实意义。

2.教育即生长

杜威认为，儿童的发展是一个连续性的过程①。经验的增长不是通过简单的教师传授学生倾听的学习模式就能够达成的，要通过学生主动地与外部环境进行接触，主动观察、探究，不断积累学习过程中的经验、不断成熟，获得知识、技能、方法等方面经验的增长。

在跨学科学习活动中强调学生亲历真实生活问题情境，在情境中给予学生足够的自由学习空间，由学生自主选择适合的学习方式，进行自主观察、探究、调研等活动，充分让学生与情境环境进行接触，由学生自主接受、积累学习经验，构筑自己的学习经验体系，在学习的过程中不断成长。

3.教育即经验的不断改造

杜威认为，学生接受教育的过程是一种经验的增加和完善的过程，这种经验可以提高其未来生活的能力②。这表明了学生的学习并不是零基础的，也不是空着脑袋进入课室的，学生是带着以往的学习经验进入课堂的。在学习的过程中，由学生基于自己原有的知识经验对新的知识和

---

① 赵博.杜威美学思想中人类性的实现 [J]. 散文百家（理论），2021（12）：148-152.

② 徐娟.论杜威《民主主义与教育》中的实用主义教育思想 [J].海外英语，2020（07）：190-191.

问题进行思考，从而获得新的经验。未来的生活具有不确定性，新兴问题也层出不穷，这样的学习方式能够培养学生自主调动知识解决新问题的能力。同时，由于成人的经验与学生之间的经验也存在差异性，教师的经验不能代替学生的经验，这就要求教师要从学生的角度出发，对学生的原有经验和经验的获得及运用进行思考，并及时给予学生在经验改造中的引导。

跨学科教学设计也体现了这种经验改造接受教育的过程，跨学科教学设计充分考虑学生原有的学科学习基础，站在学生的角度进行思考学习难度的设置，考量学生已具备的学习方法和生活经验等，并给予学生自主学习和合作探究的机会，让学生自主调动自身的经验对新的知识和问题进行改造，从而获得新的跨学科学习知识，培养学生未来在生活中解决新鲜问题的能力。

（二）教学论

1. 课程与教材

杜威认为，课程内容应该是紧密结合社会现实和儿童的发展水平，课程是学生与社会联系的一种媒介[①]。因此，教材的内容选择应该更具有开放性和多样性，可以跨学科之界、跨资源之界、跨媒介之界，包含自然和人文两种特性，让学生在了解书本知识的同时，也对社会、自然人文知识进行体会。杜威支持"学生中心"的观点，他认为教师在教材的选择上，必须考虑学生的直接经验，让学生"在做中学"亲历学习体验。杜威还认为，分科教学没有考虑到学生是一个有机的整体，分科教学可能会让学生的生活割裂，孤独地掌握一门学科知识，而不具备将学科知识融会贯通的能力。

跨学科教学设计也符合杜威提出的课程与教材的观点，在教材内容的选择上，跨学科学习活动的设计依据课程标准基于书本教材进行选题，但又不限于书本内容，需要联结课堂内外、学校内外、学生需求等进行综合分析，由教师确定学习的主题。学习内容来源广泛，能够在了解教材工具性的同时，也让学生与社会、自然的人文知识进行充分接触。在跨学科学习设计中，很重要的一环便是真实生活情境的创设，让学生能够在学习活动中亲历实践过程，充分亲历学习体验。在课程组织上，跨

---

① 徐娟. 论杜威《民主主义与教育》中的实用主义教育思想 [J]. 海外英语，2020（07）：190-191.

学科教学设计解决了分科教学的问题，通过真实生活问题情境整合了多门学科内容，便于学生在系统掌握主体学科知识的基础上，把其他学科知识进行融通运用。

2. 做中学

"做中学"是强调学生在学习活动中的实际操作，通过直接经验学得的知识，实现经验的增长①。这一经验增长的过程是通过学生自主动手实践、实验、探究来完成的，是从做中学，从实践活动中收获经验，收获的是学生自己通过实践活动重构的新知识体系。

跨学科教学设计强调学习过程的实践性，创设真实生活问题情境，提供激发学生思维的实践环境，让学生自主完成实践活动，从做中学，在实践过程中运用自己既得的知识经验解决新的问题，从而获得新的知识，重构自己的知识体系。

3. 教学过程

在杜威看来，教学过程不仅是学生掌握知识的过程，更是训练学生思维能力的过程。杜威在思维五步的基础上，提出了教学过程的五个步骤即"五步教学法"：

（1）教育者为儿童准备一个有真实经验的情境。

（2）从这个情景中找出真实的问题，作为思维训练的刺激物。

（3）通过分析已掌握的资料和进行必要的观察，对如何解决疑难问题进行假设。

（4）引导儿童自己逐步地展开其所设想的解决疑难问题的方法。

（5）鼓励儿童通过应用，检验他的思考和假设是否有效。

这五个步骤与反省思维的过程如出一辙，是杜威将从科学研究中获得的成果的直接运用②。同时跨学科教学的设计也体现了"教学五步法"，通过这一流程让学生亲历思考，动手探索实践，真正达到跨学科学习的预期效果。

---

① 徐娟. 论杜威《民主主义与教育》中的实用主义教育思想 [J]. 海外英语，2020（07）：190-191.

② 胡绪，徐学福. 实用主义探究教学价值取向研究 [J]. 当代教育科学，2012（19）：23-27.

（三）儿童与教师论

杜威认为，教育不能知识书面知识的传授，不是教师组织，学生听讲的静态灌输式教育，而应该围绕学生进行教育活动的开展，一切教学活动都应该从学生的接受能力、兴趣、需求出发。教师则在教学过程中扮演引导者的角色，保证教育活动的顺畅开展，尊重学生的发展规律，不过多干涉学生的自主学习活动，给予学生自由的学习空间，在必要时给予学生点拨。跨学科教学设计中，以学生为中心，基于对学生充分了解的基础上确定活动主题，在学习过程中，以学生为主体开展学习活动，教师在学生学习过程中充当学生学习方法的指导者、知识理解的点拨者、意义建构的引导者和学习活动的合作者，教师需要尊重学生的主体学习地位，充分发挥学生的自觉性、主动性和创造性。

综上所述，建构主义理论、多元智能理论以及杜威的实用主义思想，在一定程度上都蕴含了跨学科及学科课程整合的观点。它们在教学准备、教学目标、教学内容、教学过程等方面都能够为跨学科教学提供一定的设计指引，并能为跨学科教学提供明晰的发展方向，为后续跨学科教学的设计、实施路径等提供科学的理论依据。

第二节　设计原则

由于跨学科学习活动是立足于主体学科，融合多学科内容进行教学的，具有一定的特殊性，因此教师不能简单地根据以往的学科教学设计经验进行教学设计，而是应结合自身的特点，寻求跨学科学习活动的一般设计思路和方法。

一、生本学习——明确跨学科学习的主体

跨学科学习秉持生本学习的设计原则，从教学环境、学生对教学目标的认同、学习活动关键选项、学习前的明确指导、资源获取支持、个性化指导等方面进行跨学科教学的设计考量，明确学生在跨学科学习中的主体地位。

（一）学习环境的有机构成

生本学习关注的重点是学习环境的有机构成，跨学科教学的设计依

据对学生的充分了解和对多学科教材的解读重构与现有学习资源和真实生活问题进行综合分析、有机整合，设立教学目标，由学生自主选择学习资源，教师提供可供学生自主探究的学习文本，学生根据自身学习经验自行组织学习内容，在涉及学习概念的关键点由教师指定并阐述权威理解方式。

（二）从学生出发设计教学目标，提高学生对外部目标的认同

跨学科教学设计需要充分了解学生的学习兴趣、需求等，从学生的角度出发确定教学目标，把教学的外部目标转化为学生认可的活动价值，让学生发出对教学目标的认同，提高学生学习的内驱动力，将"要我学"的学习心理转变为"我要学"的学习心理，有助于学生接下来的学习活动中积极主动地完成教学目标。

（三）提供学习活动的关键选项

在跨学科学习中，给予学生一定的选择权，能够提高学生的参与感，增强学习的自主权。在设计学习活动的过程中，可以多设计几个学习活动，以供学生做出学习选择。学生基于自身兴趣选择学习活动，让学生切实感受到自己对学习活动的控制，也加强自身对学习活动的投入，促进学生进行自主学习。

（四）学习前给予学生明确的指导

跨学科教学设计需要明确的是在学习活动开展前，学生的知识经验比较有限，对部分活动的概念可能不清晰，这时教师就需要及时给予学生学习前的提示，指导学生获取、理解相关知识概念。在教学设计中设计活动前教师支架，能够减轻学生的认知负荷，让学生对接下来的学习活动更有信心，顺利进行自主学习、合作探究，根据期待的预设路径完成学习任务。

（五）支持学生使用工具查找相关学习资源

跨学科学习活动具有开放性的特点，学生能够根据学习的需要自主选择学习资源。但是由于学生缺乏寻找学习资源的经验，在寻找学习资源的过程中可能会出现资源的偏离、资源的准确度不高，甚至是学习资源的错误。这样学习资源不仅不能帮助学生进行有效学习，还会阻碍跨学科学习活动的进程。因此，教师需要给予学生资源寻找路径的指导（学

习网站、相关书籍等），教师还可以为学生建立学习资源库，对跨学科学习可能涉及的内容进行整理，便于学生调用资源库的学习资源自主学习。

（六）给予学生个性化指导

在跨学科教学设计中，教师需要考虑到不同的学生的思维方式和学习能力的不同，给予不同学生个性化的细致指导，在学习的关键处给予学生学习点拨，帮助学生更进一步地思考。

（七）支持学生自主监控学习过程

生本学习要求"学生不仅要学习到知识并且要对认知学习过程进行管理，包括调整计划、重新评价目标、监控自己的认知学习"。但是，学生往往可能缺乏监控学习进度、学习时间管理和学习效率管理、定位问题并寻求协助等方面遇到困难[①]。这时，教师需要提供支持学生进行自我监控的方法，如多媒体屏幕上出示学习时间、提示学生如何进行学习分工安排、活动开展步骤等，支持学生进行自我管理和自我监控，培养学生的学习自我监控能力。

（八）促进生生、师生之间的交流

学生在跨学科学习过程中，需要进行充分的合作交流，互相交换不同的学习思考，进行思维的碰撞，从而吸收别人观点中值得自己学习的部分，充盈自己的学习。师生之间也需要进行及时的沟通，学生为主体的学习，教师也需要参与进来，与学生交流想法，给予学生学习的启迪，引导学生更好地自主学习。

（九）学习成果与现实受众分享

根据心理建构主义认识论，生本学习的成果应该呈现给现实世界中的受众共同分享[②]。跨学科学习是基于真实生活问题情境开展的，学习的成果指向的是具有现实意义的，具有真实生活受众。学生的学习成果是为真实生活受众设计的，所以学生的学习成果也可以和他们分享，让他

---

① 李英蓓,迈克尔·J.汉纳芬,冯建超,等.促进学生投入的生本学习设计框架——论定向、掌握与分享[J].开放教育研究,2017,23（04）：12-29.
② 李英蓓,迈克尔·J.汉纳芬,冯建超,等.促进学生投入的生本学习设计框架——论定向、掌握与分享[J].开放教育研究,2017,23（04）：12-29.

们参与到跨学科学习中来，观察、体验、使用、评价学习的成果，让学生清晰地感知到跨学科学习产生的价值，以此激发学生对跨学科持久的学习热情。

（十）开展同伴互评

同伴互评能够，能够充分发挥学生在学习中的主体地位，学生是学习的主体，同时也是评价的主体。评价的内容不限于学习成果，包括学习态度、学习效果、学习中的参与度等，从另一个侧面也对学生的学习过程进行了外部监管。同伴互评能够得到多个同学的评价，从不同的角度对自己的学习进行自省，接受不同建议的过程的同时也进行了二次学习，提高跨学科学习的效果。

二、寻找结点——确立跨学科学习的主题

跨学科教学设计的其中一个重点便是寻找跨学科学习的联结点，把多门学科知识联结起来，共同确立跨学科学习的主题。

（一）学科知识交叉的联结

在跨学科教学设计过程中，跨学科教学并非多门学科知识简单的堆叠，教师应选择与主体学科学习内核相关联的其他学科的内容，嵌入主体教学之中，重构跨学科教学内容的知识体系，从而确定跨学科学习的主题。例如，教师在教学统编版小学语文三年级上册第六单元的《美丽的小兴安岭》时，可以立足于语文学科教学目标，联系课本内容所涉及的其他学科。如在教学目标中提到品味关键词语，体会小兴安岭的富饶和美丽。这一学习目标既包含了语文品味词语、感受文美的学科特点，同时也涉及了小学道德与法治中的热爱祖国大好河山的知识内容、地理学科的中国地理山脉知识内容以及艺术学科的审美欣赏知识内容。教师便可以根据这些知识的交叉，进行跨学科活动设计，创设我是东北小导游的情境，在品味词语的同时，提供学生展示搜集相关资料的机会，让学生结合课本知识依次扮演小导游向小组同学介绍这个美丽的地方在哪里、有什么、风景怎么样、气候变化如何等，从多学科的角度了解小兴安岭，体会小兴安岭的美丽和富饶。最后，通过展示小组跨学科学习的物化成果，例如一幅手抄报、赞美小兴安岭的诗歌、小兴安岭的照片集等，全班交流展示，进一步升华学习主题，赞美小兴安岭的美丽和富饶，产生对祖

国大好河山的热爱之情。

（二）课程与生活联结

跨学科学习课程基于真实生活问题情境进行教学设计，生活是一个不可分割的整体，主题学科课程在寻找可跨的学科不妨从生活入手，基于真实问题寻找可以联结的学科，进行设计，便于学生进入情境中，能够调动真正要运用到的学科知识协同理解、解决问题，真正达到培养学生未来社会生活中解决真实问题的能力。

（三）学科知识与个体经验的联结

跨学科学习还需要考虑学生的个体经验，在进行教学设计前，教师需要充分考虑到学生已有的生活、学习经验，以及学生能够理解的学科知识，对可联结学科进行选择。跨学科学习所跨的学科并不是学科越多越好，要根据学生的理解能力精心挑选，找到最适合学生发展的可理解学科进行联结设计，这样才能够让学生在学习中真正完成自主学习、合作探究的学习任务。

三、创设情境——促进跨学科学习的理解

（一）创设大情境，整合多学科知识

跨学科教学坚持情境化的原则能够把分散的多门学科知识进行有机整合，使学生对多门学科产生整体感知。通过创设大情境将多学科教学内容融为一体，通过一串情境问题任务落实教学对多门学科知识进行串联。

（二）贴近生活，促进学生思维发展

坚持真实生活情境的原则，能够贴近学生的真实生活，帮助学生建立起跨学科学习产生熟悉的感觉，以便学生在轻松的环境中更自然地学习。引导学生在情境中充分调动思维联想感知，主动调取出与本次跨学科学习相关的生活经验，锻炼学生调取已有经验知识的思维能力。

（三）问题驱动，提升学生思维能力

跨学科教学设计创设真实生活问题情境，以问题作为学习导向，培

养学生在情境中运用多种学习方法解决问题的能力，让学生对问题进行情境化的深入思考，综合考虑现实影响因素，训练学生的思维策略，提升学生的思维能力。同时使用情境化的问题驱动能够让学生的思维一直处于较为活跃的状态，提高学生的思维专注度。

四、整合思辨——提升跨学科学习的能力

跨学科学习能够融通学科知识，整合思辨，提升跨学科学习能力。融通是跨学科学习的关键环节，基于对主题学科和其他学科联结点的寻找，进行学科选择，融合"主题学科＋可联结学科"的知识，重构跨学科学习的知识体系。跨学科学习不仅要求对主体学科知识的掌握，还侧重学生对知识的迁移与应用，训练学生对不同学科间知识的提取、整合筛选、思辨、提出疑问等从而促进学生思维能力、质疑能力、创新能力的提升。教师要想使学生在跨学科学习中探求创新性的结论，就要在教学中整合思辨①。

（一）整合学科思辨，形成多元思维模型

跨学科思维包括三大学科，分别是自然科学、人文科学以及社会科学，在进行跨学科学习时又将这三大学科细分为普通学科课程语文、数学、艺术、历史等，以真实生活问题情境作为联结点，有机融合多学科内容，让学生在解决主体学科问题时，能够调动其他学科知识进行学习。这一调用其他学科学习的过程，便是学生主动选择建构，整合学科思辨的过程，掌握学科的重要概念和模型，对知识进行加工重构，批判性地对问题进行审视，从而形成多元思维模型。

在形成多元思维模型之后，学生再次面对真实生活问题时，便具备这种调用多学科知识解决问题的多元思维，能够快速调取自身所具备的不同学科知识尝试解决问题，培养学生在面对真实生活问题时的问题解决必备思维能力。

（二）联脑思辨，取长补短

联脑思辨学习就是和不同学科的人进行讨论和思辨，是一种新时代的学习方式。杰里米·里夫金（Jeremy Rifkin）认为，当人们在一起讨

---

① 雷欢.基于核心素养的中职"语文＋专业"跨学科教学探究[J].职业教育（下旬刊），2021，20（02）：49-53.

论的时候，把他们的经历结合起来得到的结果要比一个人思考的结果更理想。特别是现在互联网拉近了人与人的距离，当不同文化背景的学生在虚拟世界里实时地加入同一个学术任务或项目时，学习就成为一种延伸至全球的横向体验。这种体验可以超越地理的限制，成为跨界创新的基石①。跨学科学习中的联脑思辨和里夫金所认为的具有异曲同工之妙，在跨学科学习中老师和每个学生所具备的学科经验基础、知识水平、对知识的理解和掌握程度等都是不一样的，不管是跨学科学习中的生生交流，还是师生交流，都是一种不同思维之间的知识交换，不同思维之间的相互交换，讨论结合得到的思考结果往往比一个人的思维成果更为理想，既避免了陷入自我认知的遮蔽，又取他人之长弥补了自身思维的盲点。这种跨学科学习的联脑思维，能够对真实生活情境问题产生更为全面的认知，帮助学生看清真实生活情境问题背后的本质，进而提出创造性的解决方案。

五、核心素养——不忘跨学科学习的初衷

2014 年 3 月，教育部在其发布的《关于全面深化课程改革落实立德树人根本任务的意见》中提出，要把学生发展核心素养作为明确各学段、各学科具体育人目标和任务的依据。由此看来，核心素养是每一门课程的重心。一般认为，"核心素养包括学科素养和跨学科素养，同时跨学科素养和学科素养间又是全局与局部、共性与特性、抽象与具象的关系"②。跨学科素养和学科素养也不是非此即彼的关系，跨学科素养基于学科素养又超越学科素养，是一种复杂、高级、综合的素养，二者是相互依存，共同发展的关系。在进行跨学科学习的同时需要对学生的学科素养的培养，同时也要兼顾跨学科学习素养，共同发展学生的整体核心素养。

---

① ［美］杰里米·里夫金.零边际成本社会 [M].赛迪研究院专家组译.北京：中信出版社，2014：11.

② 朱利利.中小学教师跨学科素养结构模型及影响因素研究 [D].天津：天津师范大学，2022：25.

第三节　设计流程

跨学科学习活动较为复杂，其开展周期比较长，设计过程一般可分为活动准备、实施和评价学生三个阶段。活动准备阶段也就是活动的前期筹备阶段，主要是对学生的已有知识经验、兴趣特点，课本教材的解读和收集相关资料重整知识确定活动主题；实施阶段是制定活动方案和开展学习阶段；评价学生阶段是对学生在跨学科学习中的目标达成、活动过程的学习表现以及学习成果开展科学评价。

一、前期准备

跨学科学习的准备工作是设计流程中的基础工作，也是顺畅开展跨学科学习活动的前提条件。

（一）了解学生

跨学科学习是在教师的引导下，学生在学科课程学习的基础上，调动多学科知识通过自主学习、合作探究共同解决现实情境问题的学习活动，是密切联系学生的已有学习经验、自身生活和社会实际，体现对多种知识综合应用的实践性课程。学生是跨学科学习的主体，学生的生活经验、知识基础和能力水平等因素决定了跨学科学习活动的难度和深度；他们的兴趣爱好、学习气质等也会影响学习活动方式的选择。因此，跨学科学习活动的设计要重视活动的准备工作，这直接影响了后续活动开展的效果。其中了解学生就是活动准备工作的首要内容。教师在进行跨学科学习活动之初，应从以下方面了解学生。

1. 了解学生已有的知识基础和知识结构

教师在进行活动设计前需要熟悉学科课程标准的跨学科学习学段要求，分析学生已经学习过的知识点和知识结构。必要时，可以询问学生已经学过的课本知识有哪些，对哪些知识比较熟悉了，哪些知识还存在不懂的地方。需要注意的是，跨学科学习不是了解单一主体学科就够了，还需要对学生其他学科的学习情况进行了解。通过与其他学科教师的交流对话，了解各学科的学习教学进度和已有的学习知识掌握程度。

2. 了解学生具备的生活经验

学生的学习绝非简单的知识接受，而是学生主动将跨学科知识与日常直觉的生活经验联系起来，主动将多学科知识融合生活经验加工重构形成新知识的过程。在活动设计之前，教师需要提前了解学生已有的生活经验，可以通过观察学生的日常生活表现、与学生进行谈话以及与其他学科教师了解沟通等方法对学生已有的生活经验做了解。

3. 了解学生的兴趣爱好

跨学科学习活动的设计必须考虑到学生的兴趣爱好，兴趣是最好的老师。针对学生的兴趣爱好出发的学习活动设计才会真正让学生发自内心地想学、会学、学会，更好地达成跨学科学习的教学目标。

4. 了解学生的实践经验和学习方式

如果学生并非第一次参加跨学科学习活动，教师还需要主动了解学生以前的跨学科学习主题、开展情况、实施方式、学生学习效果以及活动相关经验等，作为本次跨学科学习活动的参考和借鉴。同时还要了解学生的学习方式是主动的还是被动的，根据现实情况，及时做出调整，充分发挥学生在学习过程中的主动性，真正参与到跨学科学习的活动中来，提高跨学科学习的成效。

5. 了解学生的发展需要

了解学生的最终落脚点要聚焦学生的发展需要，只有了解学生需要什么，才能找准跨学科学习的增长点，找准学生最近发展区进行针对性跨学科学习设计，这样才能有效促进学生的学习发展。

（二）依据课程标准，解读教材

跨学科学习是基于分科教学的基础上，依据课程标准教学要求对教材进行解读，寻找可实施跨学科教学的联结点，进行前期教学活动预设。

1. 立足主体学科课程目标，找准学习点

跨学科学习要基于主体学科教学目标确定教学目标的重点，找准学习点是设计跨学科学习内容的关键步骤。教师需要认真研读课程教学目

标，结合跨学科学习的内容规定和教学建议对学习点进行精准定位。

2. 解读教材，寻找跨学科联结点

跨学科学习并不是简单地进行多学科叠加，它需要整合两种以上学科的学习观念、方法和思维方式，以解决真实问题为导向，基于教材资源的基础上进行活动设计。这就需要教师对教材进行深度解读，找准教材之中隐藏的学科知识，寻找合适的情境，将多种学科知识融合起来协同育人，实现学科整合，产生跨学科的新理解，最后进行跨学科学习的活动设计。

（三）调查活动资源

基于对学生的了解和对教材的解读，需要寻找适合的活动资源，辅助教学活动的发生。活动资源是形成跨学科学习活动的硬件设施，是搭建活动内容和实施活动的基本条件。跨学科学习活动是基于真实生活问题情境提出活动探究问题的，这需要到生活和社会中攫取有意义的现象作为跨学科学习的活动资源，让跨学科学习活动资源更加丰富，加强学生在学习活动中的体验感、参与感，使跨学科学习活动提质增效、更具生命力。因此，要充分调查学校内的学习资源、地区资源、人员资源以及辅助教学的信息资源。

1. 调查校内硬件资源

开展跨学科学习活动的最佳选择即是充分调动学校的校内学习资源，调查学校内的学习物理环境和教学硬件设施，包括校内自然环境、实验室、活动场所，智能教室等，并对这些学习环境和设施进行分析，考虑能否支持活动的实施，选择哪种环境和设施能够更符合跨学科学习活动的要求。

2. 调查当地场馆资源

美国学习改革委员会将"场馆"定义为一系列具有教育意义的社会资源的总称，既包括博物馆、图书馆在内的室内机构，也涵盖动、植物园、体育场、活动基地等室外场所[①]。跨学科学习活动是指向解决现实生活问题的，在很多时候需要借助社会场馆资源才能够让学生亲历学习过程，

---

① 葛明兰. 双向建构，发挥场馆教育功能 [J]. 中国校外教育，2019（15）：5-6.

进行学习实践。在场馆中学习也能够最大程度还原问题情境，让学生沉浸在情境之中，主动积极地进行独立探索、合作探究，提高学生的学习积极性。借助当地场馆资源，也能够拓宽学生的学习视野，打开学生的学习思维，让跨学科学习向纵深发展。另外，在新颁布的义务教育课程方案修订原则"坚持目标导向板块"中提到要"全面落实习近平新时代中国特色社会主义思想，将社会主义先进文化、革命文化、中华优秀传统文化、国家安全、生命安全健康等重大主题教育有机融入课程，增强课程思想性"。要落实这一目标导向，跨学科学习不失为一个很好的选择。教师与当地文化馆、当地红色革命基地等场馆资源的管理人员取得同意，制定跨学科学习的场馆利用计划。

3. 调查人员资源

人员资源是跨学科学习资源有力的补充，包括校内教师资源和校外人员资源。要充分调用校内的教师资源，教师首先需要对校内教师的教学特长进行分析，考虑哪些教师的特长适合本次跨学科教学，询问意愿并邀请他们共同指导本次跨学科学习活动。这样充分调动教师资源协助开展跨学科学习活动，并在后续进行集体备课，使之做到指导精准、指导有效。校外人员资源也可以进行争取，对于操作性较强的跨学科学习活动，可以邀请社会上的专业人员辅助进行教学，给予学生更为专业化的指导；对于一些文化历史事实的跨学科学习活动，则可以邀请文化馆管理员、一些社区老党员，给我们学生分享文化的源远流长和过去的中国历史；而对于跨学科学习活动涉及职业的部分，也可以邀请从事相关职业的家长为我们进行分享。努力调用一切有效人员资源，成为跨学科学习的指导者。

4. 调查信息资源

当前，全球已进入信息 2.0 学习时代，除了纸质的学习资源，学生接受学习信息的方式还有很多，包括教室的多媒体设备、手机、电脑、电子书包等。由于跨学科学习活动涉及的学科较多、知识面较广。并且，跨学科学习活动的开展由现实生活问题驱动较为复杂，单纯借助纸质学习媒介，较难让学生对跨学科学习产生理解。所以，在进行跨学科学习活动的设计前，教师需要及时对信息资源进行筛选，看看哪些信息资源能够辅助开展跨学科学习活动。

（四）教师重整学习资源，确定活动主题

教师根据上面的活动准备对学生的知识基础、兴趣爱好等、教材资源与活动资源进行学习资源的重整，从学生的现实学习生活出发，立足于学生的发展需要寻找重整后合适的学习资源，并把现实问题通过情境转化为切合的跨学科学习活动的主题，最终以真实情境问题为任务驱动和活动线索串联起整个活动。

二、制定方案

如果把跨学科学习活动比作一艘远航的船，那么方案就是不可或缺的指南针。在跨学科学习的活动实施之前，准备一份完整的活动设计方案是十分必要的。跨学科学习的活动方案的设计是指对某一主题、项目活动的目标、内容、方式、教学准备、实施步骤、教学的重点、实施的要点以及评价的要点等进行预设形成一个具体的跨学科学习活动的实施总体方案。跨学科学习活动需要通过对学生学习过程的预设，增强教师指导的计划性、全面性，有利于教师有条有理地开展活动指导，落实具体的指导行为，更好地应对跨学科学习活动中生成性的问题，切实落实活动指导的每个环节，有效实施跨学科学习活动。

（一）活动方案的基本要素

跨学科学习活动与其他学习活动的方案在设计元素方面没有太大的区别，包括：活动的主题名称、活动的背景、活动的目标（主体学科目标、其他学科目标）、活动的对象、活动的时长、活动的过程（活动的内容、方式、教学准备、实施步骤、教师指导重点、实施的要点）、评价的要点。

（二）方案制订的基本要求

1. 活动主题

按照前期准备对学生的了解、依据学科课程标准解读学科教材、调查活动的资源等，立足于现有资源条件，因地制宜、因时制宜地由教师对资源进行重整，尊重学生的学习需求，从学生的现实生活出发，确定跨学科学习活动的主题。教师在进行跨学科活动主题的选择时还应关注以下原则：

（1）选题符合课程标准要求。课程标准是我们国家育人的蓝图，无论开展什么样的学习活动都需要紧扣课程标准进行选题，保证学习活动方向的正确性。需要依据课程标准的育人目标以及培养方向，选择适合学生发展的主题。

（2）选题来源于学生。活动选题要体现学生立场，学生是跨学科学习活动的主体，跨学科学习的最终培养目标也是聚焦于学生的发展，所以在进行学习活动的选题时，教师需要充分了解学生的知识基础、生活经验、兴趣爱好以及发展需要等进行确定选题。只有从学生的角度出发，才能真正找到学生学习的增长点，激发学生的学习欲望，让学生乐于、主动参与学习活动，真正进入跨学科学习的活动中来。从"老师要我学"变为"我要学"，使学生产生跨学科学习内驱动力，实现跨学科学习的意义。

（3）选题具有现实意义。跨学科学习的活动选题要着眼于典型生活素材或者是现实生活中亟待解决的问题，引导学生在时间探究的过程中运用所学的跨学科知识完成指定的学习任务以及解决问题。比如开展"生活中的环保行动"小学道德与法治的跨学科活动主题，可以设计一些小问题，如"生活中有哪些不环保的行为？""有垃圾怎么办？""垃圾分类怎么做？"，引导学生在运用跨学科知识解决问题的过程中既有现实意义，又具有教育意义。

2. 活动目标

在新颁布的义务教育课程方案中也明确提出了各个学科对跨学科学习活动的阐述都有一个统一的目标指向，就是引导学生在学科学习的过程中，联结课堂内外、学校内外，拓宽学生的学科学习和运用领域；围绕学科学习、生活中有意义的话题，开展实践探究活动，注重引导学生掌握问题探究的基本步骤和方法，学会提炼、表达、呈现学习成果，着重培养学生综合运用多学科知识解决实际问题的能力。另外，还需要注意跨学科学习活动目标设计时的可行性、综合性以及生成性。

（1）注重目标的可行性。在进行跨学科学习的活动目标设计时，首先，要明确活动的目标以及实施方法，进行活动预期；其次，需要教师根据精密的推演或者经验预估对活动的实施进行可行性分析，考虑当前的现状以及资源能否支撑活动的实施，考虑学生的基础能否完成活动安排的任务。

（2）注重目标的综合性。跨学科学习活动学习的目标综合性较强，跨学科学习的目标设置不仅仅是对学科知识单方面考虑，还要考虑到学生综合素质的发展。不仅包含主体学科、其他学科知识与技能、过程与方法、情感态度价值观的学习目标，还包含学生在真实生活问题情境中相关问题解决、责任担当、创意物化、价值体认等多方面的学习目标。

（3）注重目标的生成性。跨学科学习活动具有开放性的特点，注重学生在跨学科学习实践过程中亲历问题情境，在独立学习、合作探究中发现问题、解决问题，注重学生发展性的学习过程生成。因此，教师需要关注学生的学习过程，及时发现学生的学习生成，从而调整原有的活动设计，制定新的活动目标。

3. 活动过程

活动过程是跨学科学习活动方案的主要部分，包括活动的内容、方式、步骤、教师支架等。这个环节是活动方案撰写的重点，主要由活动准备、活动实施、活动总结三个环节组成。

（1）准备阶段。准备阶段设计的要点如下：①做好人员分工，成立跨学科学习小组。教师通过对学生个性、兴趣爱好、特长等进行综合考虑帮助学生进行学习分组，以便后续学习活动的开展。小组内部再根据民主投票选定小组长并进行上报。②制定小组内部学习计划，依据主题活动的要求，选择合适的学习方法，如走访调查、网上资料查询等，依据具体学习时间进行学习安排，独立学习和合作探究并行，由小组内部自行决定人员分工，拟定分工安排表。③对实施过程的安全问题进行强调。

（2）活动实施。依据跨学科学习活动的主题以及要解决的真实生活情境问题，将活动分为不同环节，拆解学习任务。明确在每一环节中学生需要完成的学习任务以及教师支架，并在环节的设计中预留生成空间，以便于及时调整学习计划。

（3）活动总结。在活动总结阶段，各个小组首先需要把学习资料分类整理、做好归类，及时归类整理，便于下次小组再进行跨学科学习活动时，能够建立起自己的学习资料库，更好地开展下一次活动，也能够形成自己对学习资料的整体认识。其次，各个小组需要撰写或制作跨学科学习的成果，跨学科学习强调实践性，通过动手实践，将学习所得转化为物化成果，提高学生的创新创造能力。最后，展示小组的跨学科学习成果，展示的区间不限于学校内部，还可以是网络分享、社区展示等，并对小组的学习成果进行全班交流介绍。各个小组间相互学习，在提出问题、回答问题的交流过程中，进行思维相互碰撞，得到新的学习思考，获得更大的成长。交流后，需要依据所设计的跨学科学习评价表对活动表现进行综合评价。

三、评价学生

评价是跨学科学习活动的重要组成部分，不仅是对学生学习的成果进行评价，还要贯穿在跨学科学习活动的全过程，它坚持鼓励性、突出发展导向、注重评价多元以及评价分层，秉持公平公正公开的原则实施评价。

（一）坚持鼓励性原则

跨学科学习活动融合了多学科知识，并以真实生活问题情境为驱动，在实践过程中具有一定的难度。需要教师的评价贯穿活动过程的始终，坚持鼓励性原则，为学生克服学习困难提供心理支持。需要教师用自己的态度、语言、肢体动作鼓励学生以自信、进取的态度完成学习任务，表现为期待性鼓励、激发性鼓励、表扬性鼓励、谅解性鼓励。

第一，期待性鼓励。教师对学生的学习报以期待的态度，在学生进行跨学科学习活动之初对学生的学习能力进行肯定，如"咱们班的孩子可聪明了，老师相信这一次的跨学科学习活动一定也难不倒你们"。给予学生诸如此类的期待性鼓励，提高学生对学习活动的信心，给学生带来学习情况的积极心态。

第二，激发性鼓励。教师在评价其中部分学生的同时，评价也要注意辐射全体同学，如"这个小组在活动中表现真不错，能够将历史学科的知识迁移运用到语文学习中来，其他小组可以向他们学习"。这样的评价语言能够启发学生的竞赛欲望，也想得到教师的表扬，从而会对自己的跨学科学习方法进行优化，激发学生的智慧，还有利于学生形成积极进取的品质。

第三，表扬性鼓励。对学生在跨学科学习活动中的良好表现给予及时的点评，表扬能够使学生认识自我某一方面的才能，关注到自己的优点，更加努力地学习。

第四，谅解性鼓励。对学生在跨学科学习过程中出现的失误或学习成果不佳，要秉持宽容谅解的态度，给予学生谅解性鼓励。一方面，教师要积极调节学生紧张、害怕失误的心理状态，让学生对跨学科学习抱有信心。另一方面，由于跨学科学习具有一定的难度，教师要对学生的失误给予谅解，支持学生继续进行跨学科学习实践探究。

（二）突出发展导向

教师需要为学生建立跨学科学习的发展档案，通过对学生学习过程中的知识、技能、态度、方法、创新思维、成果产出等方面进行细心观察和记录，把握学生的成长规律，了解学生的学习发展过程，也要随着学生的发展水平给予个性化的评价，实施突出发展导向的动态评价。

（三）注重评价多元

学生在跨学科学习中所呈现的能力是多方面的，在每一环节、每一过程都各有其优势。在进行跨学科知识重构对真实情境问题进行解决的过程中，表现出来的思维层次也不是单一维度的，是多维度的、综合能力的体现。因此，对学生的评价也应该是多元的。这体现在评价内容的多元、评价主体的多元、评价方式的多元。从不同的方面对学生的进行评价，能够让学生更全面地了解自己在跨学科学习活动中的表现，能从更科学客观的角度获得改进建议，促进学生的全面发展。

（四）注重评价分层

跨学科学习也需要采取分层评价，针对不同层次的学生采用不同的评价语言和评价方式，以此提高学生跨学科学习的实践效果。优等生采取展示性评价，在肯定优等生的同时，也为其他学生的学习提供改进方向；中等生采取指导性评价，对于他们遇到瓶颈的地方及时进行点拨，使其能够突破瓶颈得到发展；后进生采取鼓励性以及谅解性评价，先不指出学生的不足，让学生进行二次自主独立学习，给予学生二次探究实践的鼓励和支持，使学生保持跨学科学习的信心。

最后，教师需要依据跨学科学习评价表，对学生学习的表现进行综合性评价。

参考文献

[1] [美] 杰里米·里夫金. 零边际成本社会 [M]. 赛迪研究院专家组, 译. 北京：中信出版社，2014.

[2] [美] 乔治·莱考夫（George Lakoff），[美] 马克·约翰逊（Mark Johnson）. 肉身哲学：亲身心智及其向西方思想的挑战：全二册 [M]. 李葆嘉，孙晓霞，司联合等译. 北京：世界图书出版有限公司北京分公司，2018.

[3] 曾晓洁. 多元智能理论的教学新视野 [J]. 比较教育研究，2001（12）：25-29.

[4] 陈威. 建构主义学习理论综述 [J]. 学术交流，2007（03）：175-177.

[5] 程蹊. “一个模式、四大融合”混合式教学的理论与实践 [J]. 武汉冶金管理干部学院学报，2021，31（04）：29-33.

[6] 褚灵兰. 学情分析：基于杜威经验哲学的层级化建构 [J]. 教育理论与实践，2018，38（17）：63-64.

[7] 葛明兰. 双向建构，发挥场馆教育功能 [J]. 中国校外教育，2019（15）：5-6.

[8] 郭东相，霍冉. “多元智能理论”视域中的复合型、应用型英语人才培养模式研究 [J]. 科技信息，2011（08）：170-171.

[9] 郭巧能，秦立，杨静，等. 科学美感培养与信息技术运用融合下的混合式教学模式探究 [J]. 物理与工程，2021，31（06）：183-190.

[10] 胡绪，徐学福. 实用主义探究教学价值取向研究 [J]. 当代教育科学，2012（19）：23-27.

[11] 黄翔，童莉，史宁中. 谈数学课程与教学中的跨学科思维 [J]. 课程.教材.教法，2021，41（07）：106-111.

[12] 孔莉. 杜威实用主义教育思想对文学理论教学的启示 [J]. 中国成人教育，2012（03）：113-115.

[13] 雷欢. 基于核心素养的中职“语文 + 专业”跨学科教学探究 [J]. 职业教育（下旬刊），2021，20（02）：49-53.

[14] 李英蓓，迈克尔·J.汉纳芬，冯建超，等.促进学生投入的生本学习设计框架——论定向、掌握与分享 [J].开放教育研究，2017，23（04）：12-29.

[15] 林可，王默，杨亚雯.教育何以建构一种新的社会契约？——联合国教科文组织《一起重新构想我们的未来》报告述评 [J].开放教育研究，2022，28（01）：4-16.

[16] 凌宗伟.新课标背景下如何落实"教—学—评"一致性要求——基于"SOLO 分类评价法"的思考 [J].教师教育论坛，2022，35（06）：9-11.

[17] 彭小明.试论《语文课程标准》的新理念 [J].丽水师范专科学校学报，2004（04）：63-66.

[18] 孙伶俐，罗军兵.从"强基计划"看中小学科学课程构建 [J].基础教育课程，2021（11）：21-27.

[19] 唐铿.语文课程跨学科整合教学理念与路径研究 [D].西宁：青海师范大学，2022：56.

[20] 田娟，孙振东.跨学科教学的误区及理性回归 [J].中国教育学刊，2019（04）：63-67.

[21] 王慧玲，陈雪.基于建构主义理论对小学英语教学的分析与启示 [J].海外英语，2021（18）：209-210.

[22] 王敏.SOLO 分类评价理论在化学试题设计中的应用 [J].中小学教学研究，2009（06）：15-16.

[23] 韦宏霞.浅谈"第二代认知科学"的认知观 [J].科技传播，2010（7）：82-83.

[24] 吴刚，邓昊源，祁岩，等.核心素养视阈下地理过程类问题的考生思维诊断分析与教学启示 [J].考试研究，2022（03）：19-29.

[25] 徐娟.论杜威《民主主义与教育》中的实用主义教育思想 [J].海外英语，2020（07）：190-191.

[26] 张春玲.多元智能理论及其对素质教育的启示 [J].中国教育学刊，2002（03）：9-12+60.

[27] 张露，尚俊杰.基于学习体验视角的游戏化学习理论研究 [J].电化教育研究，2018，39（06）：11-20+26.

[28] 张炜，魏丽娜，曲辰.全球跨学科教育研究的特征与趋势——基于 Citespace 的数据分析 [J].高等工程教育研究，2020（01）：123-130.

[29] 赵博.杜威美学思想中人类性的实现 [J].散文百家（理论），2021（12）：148-152.

[30] 中华人民共和国教育部. 义务教育道德与法治课程标准：2022 年版 [M]. 北京：北京师范大学出版社，2022.

[31] 中华人民共和国教育部. 义务教育地理课程标准：2022 年版 [M]. 北京：北京师范大学出版社，2022.

[32] 中华人民共和国教育部. 义务教育化学课程标准：2022 年版 [M]. 北京：北京师范大学出版社，2022.

[33] 中华人民共和国教育部. 义务教育科学课程标准：2022 年版 [M]. 北京：北京师范大学出版社，2022.

[34] 中华人民共和国教育部. 义务教育劳动课程标准：2022 年版 [M]. 北京：北京师范大学出版社，2022.

[35] 中华人民共和国教育部. 义务教育历史课程标准：2022 年版 [M]. 北京：北京师范大学出版社，2022.

[36] 中华人民共和国教育部. 义务教育生物课程标准：2022 年版 [M]. 北京：北京师范大学出版社，2022.

[37] 中华人民共和国教育部. 义务教育数学课程标准：2022 年版 [M]. 北京：北京师范大学出版社，2022.

[38] 中华人民共和国教育部. 义务教育体育与健康课程标准：2022 年版 [M]. 北京：北京师范大学出版社，2022.

[39] 中华人民共和国教育部. 义务教育物理课程标准：2022 年版 [M]. 北京：北京师范大学出版社，2022.

[40] 中华人民共和国教育部. 义务教育信息科技课程标准：2022 年版 [M]. 北京：北京师范大学出版社，2022.

[41] 中华人民共和国教育部. 义务教育艺术课程标准：2022 年版 [M]. 北京：北京师范大学出版社，2022.

[42] 中华人民共和国教育部. 义务教育英语课程标准：2022 年版 [M]. 北京：北京师范大学出版社，2022.

[43] 中华人民共和国教育部. 义务教育语文课程标准：2022 年版 [M]. 北京：北京师范大学出版社，2022.

[44] 朱利利. 中小学教师跨学科素养结构模型及影响因素研究 [D]. 天津：天津师范大学，2022：25.

下篇　设计案例

第四章　小学语文跨学科学习活动的设计案例

第一节　小学语文低年级跨学科学习活动的设计案例

《义务教育语文课程标准（2022 年版）》明确指出，构建语文学习任务群，要"遵循学生身心发展规律和核心素养形成的内在逻辑，以生活为基础，以语文实践活动为主线，以学习主题为引领，以学习任务为载体，整合学习内容、情境、方法和资源等要素"[①]，且低年级学生有着幼小衔接过渡期的鲜明特点。

基于此，笔者根据《义务教育语文课程标准（2022 年）》对低年级提出的要求和低年级学生的认知发展特点，设计了两个既遵循语文学科的主体性和符合低年级学生认知特点的适切性，又体现跨学科的综合性与实践性的小学低年级语文跨学科学习活动案例。这两个案例通过挖掘小学语文教材，利用生活资源创设情境，让学生在综合性和实践性相结合的语文跨学科活动中获得语文核心素养的提升。

[①] 中华人民共和国教育部. 义务教育语文课程标准：2022 年版 [M]. 北京：北京师范大学出版社，2022：2.

一、绿豆宝宝培育记

（一）设计概述

1.课程标准分析

《义务教育语文课程标准（2022年版）》对低年级跨学科教学内容明确要求："在班级、学校或家里养护一种绿植或者小动物。综合运用语文、科学、数学等多学科知识，学习日常观察和记录。"[①]本活动案例与此项要求相照应，指向于语言运用和思维能力的素养。通过让学生培育、观察和记录绿豆芽生长过程，树立学生仔细观察的意识、提高观察力；让学生在陪植物成长的过程中感受到植物生长的奇妙，激发对生物科学的兴趣，激发对生命的敬畏之情；通过让学生综合运用语文、数学、美术等学科知识记录植物生长的情况，提高学生再现所看、所做、所感的语言表达能力。

2.学情分析

本活动案例主要面向二年级学生，二年级正是学生接触写话的阶段，因此本活动案例设置了以写话的方式记录对植物生长的观察情况，不仅锻炼了学生书面表达能力，还引导学生树立通过观察积累写话素材的意识，为中高年级习作奠定基础。此外，低年级学生是由形象直觉思维主导渐渐转化为受逻辑思维影响的思维发展关键期，本活动案例设置让学生以科学严谨的态度观察和记录的任务引导学生培养有理有据、求真严谨的理性思维，通过支架引导学生有序地、多方面的观察并写话培养学生引导学生条理性思维，初步发展低年级学生的逻辑思维能力。

所跨学科：科学（人教版小学科学二年级上册第一单元《植物的生活》）；数学（人教版小学数学二年级上册《长度单位》和《量一量比一比》，以及日期书写）；美术（图文结合写观察日记）。

---

① 中华人民共和国教育部．义务教育语文课程标准：2022年版[M].北京：北京师范大学出版社，2022：34.

（二）活动目标

1.知识与技能

会用文字描述和记录观察结果，能主动与同学交流和分享活动成果。

2.过程与方法

通过开展种植绿豆芽、观察和记录绿豆芽生长过程的活动，培养仔细观察的意识和能力。

3.情感态度与价值观

感受植物生长的奇妙，激发对科学的兴趣和对生命的敬畏之情。

（三）活动过程

1.巧设情境引思考

师：同学们，我们在《植物妈妈有办法》这一课当中学到了植物妈妈们是如何让植物宝宝们传播出去的呀？

生：蒲公英宝宝有绒毛可以被风吹走；苍耳宝宝有刺可以挂住动物的皮毛；豌豆豆荚晒在太阳底下就会炸开，然后豌豆宝宝就从里面跳出来。

师：那你们知道这些植物宝宝离开妈妈之后又是怎样成长的吗？让我们一起观看视频了解一下。

（观看视频《种子的一生》）

师：看完视频，有哪位同学来说说看，要让植物宝宝长大需要什么东西呢？

生：水、泥土、阳光、空气。

师：老师这里有一袋绿豆宝宝，你们愿意当这些绿豆宝宝的爸爸妈妈照顾它们茁壮成长吗？请大家把这些绿豆宝宝拿回家，按照学习单上的植物宝宝培育说明书，和爸爸妈妈一起种好这些绿豆宝宝，并每天观察宝宝们发生了什么变化，并用画画和文字形式将豆芽每天的变化情况记录在本子里。

[展示《植物宝宝培育手册》学习单（表4-1），并做适当的讲解]

【说明：《义务教育语文课程标准（2022年版）》要求低年级教师"增

强课程实施的情境性和实践性，促进学习方式变革"①，且低年级学生以具体形象思维为主导、想象力丰富且童真烂漫。所以，本活动案例延续统编版小学语文二年级上册一篇科普童话《植物妈妈有办法》的儿童化设定，创设极具童趣的情境：绿豆芽化身为"绿豆宝宝"，而学生则充当照顾"绿豆宝宝"茁壮成长的"爸爸妈妈"，而记录绿豆芽生长过程的观察日记则是"爸爸妈妈"们为"绿豆宝宝"写的"成长观察日记"。儿童化活动情境让学生在这一情景中激发对照顾"绿豆宝宝"的责任感，激发学生参与活动的兴趣和热情。】

表 4-1 《植物宝宝培育手册》学习单

植物宝宝培育手册
种植步骤
准备好一个塑料杯（不能是纸质的）、纸巾（棉花也可以）、水 → 将绿豆宝宝放进塑料杯，用纸巾/棉花覆盖在绿豆宝宝上面 → 最后给绿豆宝宝浇水 → 把绿豆宝宝放置在有阳光的地方
绿豆宝宝成长观察日记 每天观察绿豆宝宝的生长变化，并用画画和文字形式将绿豆宝宝每天的变化情况记录起来。日记内容包括：培育做法、豆芽的形状、颜色和长度。 ____年___月___日（周___） 　今天是我照顾绿豆宝宝的第1天。（绿豆宝宝的形状是怎样的？是什么颜色？长得像什么？） _____ _____ 　（你是怎么种植绿豆宝宝的？） _____ _____　　图片：

① 中华人民共和国教育部.义务教育语文课程标准：2022 年版 [M].北京：北京师范大学出版社，2022：2.

_____年___月___日（周___）　　　图片：
　　　今天是我照顾绿豆宝宝的第 2 天。
　　　（绿豆宝宝发芽了吗？什么形状？什么颜色？有多长？）
　　　我今天观察到

_____

_____

　　　（你是怎么照顾绿豆宝宝的？）

_____年___月___日（周___）　　　图片：
　　　今天是我照顾绿豆宝宝的第___天。
　　　我今天观察到

_____

_____

_____

2. 引导实践出成果

学生根据学习单的指导和任务指示，完成培育、观察和记录绿豆发芽的任务。实践时长为两周。

【说明：《义务教育语文课程标准（2022 年版）》要求低年级学生"能用口头或图文等方式整理、表达自己旨在活动中的见闻和想法"[①]，且低年级书面语言表达部分以学习写话为主要学习任务。因此，本活动案例结合低年级学生的认知水平和学情，让学生综合运用多学科知识以图文结合的方式写观察日记。为了降低学生观察和写话的难度，笔者利用学习单的任务指示语搭建支架助力学生完成观察日记，之后再逐步撤掉指示语，让学生通过模仿之前利用指示语完成的观察日记自主撰写观察日记，从借力支架到自主完成，层层递进地学会观察和记录事物的方法。这不仅提高学生的多学科的综合能力，也促进学生写话能力的发展。】

_____

① 中华人民共和国教育部．义务教育语文课程标准：2022 年版 [M]．北京：北京师范大学出版社，2022：9.

3. 评价总结促发展

（1）自我评价。根据评价表格的问题给爱心涂色（表4-2）。

表 4-2　自我评价表

文字部分	字写正确了吗？（没有错别字就涂，有错别字不涂）	♡
	标点符号用对了吗？（都用对了就涂，用错了就不涂）	♡
	写字好看吗？（超级好看涂3颗，好看涂2颗，一般般涂1颗，不好看就不涂）	♡♡♡
	语句通顺吗？（超级通顺涂3颗，通顺涂2颗，一般般涂1颗，非常不通顺就不涂）	♡♡♡
	观察绿豆宝宝的外形变化了吗？（日记写了绿豆宝宝长什么样子就涂，没写就不涂）	♡
	量绿豆宝宝的长度了吗？（记录了绿豆宝宝的长度就涂，没记录就不涂）	♡
	照顾好绿豆宝宝了吗？（照顾好绿豆宝宝让它发芽长大了就涂，绿豆宝宝死了就不涂）	♡
	用比喻句或者拟人句了吗？（用了一句比喻句或拟人句涂1颗，两句涂2颗）	♡♡♡
图画部分	画图了吗？（画了就涂，没画就不涂）	♡
	图片好看吗？（超级好看涂3颗，好看涂2颗，一般般涂1颗，不好看就不涂）	♡♡♡

（2）小组交流与评价。在小组内展示自己的观察日记并点评自己的日记，然后耐心倾听和评价其他组员的展示，然后在其他组员评价表上的爱心涂上颜色（表4-3），并进行组内交流原因，最后把获得星星最多的观察日记交给老师进行班级展示。

表 4-3　小组互评表

班级			评分人		小组	
项目		组员1	组员2		组员3	组员4
写字好看吗？		♡♡♡	♡♡♡		♡♡♡	♡♡♡

续表

项目	组员 1	组员 2	组员 3	组员 4
语句通顺吗？	♡ ♡ ♡	♡ ♡ ♡	♡ ♡ ♡	♡ ♡ ♡
图片好看吗？	♡ ♡ ♡	♡ ♡ ♡	♡ ♡ ♡	♡ ♡ ♡
喜欢他分享日记时说的话吗？	♡ ♡ ♡	♡ ♡ ♡	♡ ♡ ♡	♡ ♡ ♡
用比喻句或者拟人句了吗？	♡ ♡ ♡	♡ ♡ ♡	♡ ♡ ♡	♡ ♡ ♡
有写错别字吗？	♡	♡	♡	♡
标点符号用对了吗？	♡	♡	♡	♡
观察绿豆宝宝的外形变化了吗？	♡	♡	♡	♡
量绿豆宝宝的长度了吗？	♡	♡	♡	♡
照顾好绿豆宝宝了吗？	♡	♡	♡	♡

（3）班级展示，教师评价指导。利用投影仪向全班同学展示各个小组选上来的观察日记，教师针对日记中的内容丰富性、观察的角度和语言表达中汉字书写、标点符号运用、语句通顺的规范性问题进行点评和指导，评价中渗透方法。

（4）上交自我评价表和小组评价表，统计每个学生涂色的爱心数量。设置数量排名前五的学生为一等奖，排名前 6 ～ 15 名的学生为二等奖，其他学生为三等奖，给不同奖项的学生颁发不同的奖品。

【说明：《义务教育语文课程标准（2022 年版）》的课程理念明确提出："根据不同年龄学生的学习特点和不同学段的学习目标，选用恰当的评价方式，抓住关键，突出特点。"[①]针对低年级学生天真童趣的特点，笔者设计了符合低年级学生年龄特点的自我评价表和小组评价表，以通俗易懂的访问式问题展现细化的评价项目，并让学生通过给爱心涂色的方式对自己或者组员的观察日记进行量化评价，童趣精致的爱心图标深受学生的喜爱。最后，统计每个学生获得的涂色爱心数量，设置一、二、三等奖，每一个参与的学生都能获得奖励，极大地激发学生的兴趣和热情，

---

① 中华人民共和国教育部 . 义务教育语文课程标准：2022 年版 [M]. 北京：北京师范大学出版社，2022：46.

鼓舞了学生的学习自信。】

（四）实施要点

1. 探究主题要明确

本活动案例严格遵照新课程标准对低年级跨学科教学的内容要求："在班级、学校或家里养护一种绿植或者小动物。综合运用语文、科学、数学等多学科知识，学习日常观察和记录。"[①] 通过让学生培育、观察和记录绿豆芽生长过程，树立学生仔细观察的意识、提高观察力；让学生在陪植物成长的过程中感受到植物生长的奇妙，激发对生物科学的兴趣，激发对生命的敬畏之情；通过让学生综合运用语文、数学、美术等学科知识记录植物生长的情况，提高学生再现所看、所做、所感的语言表达能力。

2. 巧设情境引思考

由于低年级学生以具体形象思维为主导、想象力丰富且童真烂漫，所以本活动案例延续统编版小学语文二年级上册一篇科普童话《植物妈妈有办法》的儿童化设定，创设极具童趣的情境：绿豆芽化身为"绿豆宝宝"，而学生则充当照顾"绿豆宝宝"苗壮成长的"爸爸妈妈"，而记录绿豆芽生长过程的观察日记则是"爸爸妈妈"们为"绿豆宝宝"写的"成长观察日记"。儿童化活动情境让学生在这一情景中激发对照顾"绿豆宝宝"的责任感，激发学生参与活动的兴趣和热情。

3. 引导实践出成果

新课程标准要求低年级学生"能用口头或图文等方式整理、表达自己旨在活动中的见闻和想法"[②]，且低年级书面语言表达部分以学习写话为主要学习任务。因此，本活动案例结合低年级学生的认知水平和学情，让学生综合运用多学科知识以图文结合的方式写观察日记。为了降低学生观察和写话的难度，笔者利用学习单的任务指示语搭建支架助力学生完成观察日记，之后再逐步撤掉指示语，让学生通过模仿之前利用指示

---

① 中华人民共和国教育部.义务教育语文课程标准：2022年版[M].北京：北京师范大学出版社，2022：34.

② 中华人民共和国教育部.义务教育语文课程标准：2022年版[M].北京：北京师范大学出版社，2022：9.

语完成的观察日记自主撰写观察日记，从借力支架到自主完成，层层递进地学会观察和记录事物。这不仅提高学生的多学科的综合能力，也促进学生写话能力的发展。

4. 评价总结促发展

针对低年级学生天真童趣的特点，笔者设计了符合低年级学生年龄特点的自我评价表和小组评价表，以通俗易懂的访问式问题展现细化的评价项目，让学生通过给爱心涂色的方式对自己或者组员的观察日记进行量化评价，童趣精致的爱心图标深受学生的喜爱。最后，统计每个学生获得的涂色爱心数量，设置一、二、三等奖，每一个参与的学生都能获得奖励，极大地激发学生的兴趣和热情，鼓舞了学生的学习自信。

二、我爱中华传统节日

（一）设计概述

1. 课程标准分析

本活动案例遵照新课程标准对低年级跨学科教学的内容要求："参与学校、社区举办的节日和风俗活动，留意身边的传统节日、风俗习惯等文化现象，感受和学习生活中的中华优秀传统文化。"[①]让学生通过自主探究了解传统节日文化的相关知识，感受中华传统文化博大精深、源远流长的魅力，培养对传统文化和家乡地域文化的喜爱，初步形成对中华传统文化的认同和喜爱。从而落实学生文化自信的语文核心素养。

2. 学情分析

2014 年，教育部在其颁布的《完善中华优秀传统文化教育指导纲要》明确提出："小学低年级，以培育学生对中华优秀传统文化的亲切感为重点，开展启蒙教育，培养学生热爱中华优秀传统文化的感情。"[②]基于低年级学生形象直觉思维的认知特点，熏陶和启蒙是培养学生对中华传

---

① 中华人民共和国教育部. 义务教育语文课程标准：2022 年版 [M]. 北京：北京师范大学出版社，2022：34.

② 中华人民共和国教育部. 教育部关于印发《完善中华优秀传统文化教育指导纲要》的通知 [Z].2014-03-26.

统节日文化的感情较为适切的方式。为此，本活动案例通过主动交流和分享参加节日风俗经历，引导学生在主动交流和资料共享中加深学生对中华文化的理解和认同，也提高了学生的口语表达能力。此外，基于音乐和美术学科的审美性和情趣性，整合音乐、美术和语文三个学科关于中华传统节日文化的学习内容，设置制作手抄报、画年画、写诗歌题款、唱方言童谣等跨学科活动任务，让学生感受中华传统节日文化的艺术美、文化美、蕴意美，激发对中华文化的喜爱，提高审美鉴赏能力和语言运用能力。

所跨学科：美术（画画，题款诗歌）、音乐（方言童谣）。

（二）活动目标

1. 知识与技能

能主动交流和分享参加节日风俗经历，勇于展示自己的才艺。

2. 过程与方法

通过制作手抄报、画年画、写诗歌题款、唱方言童谣等活动，提高审美鉴赏和创造能力。

3. 情感态度与价值观

了解传统节日文化的相关知识，感受传统文化的博大精深、源远流长的魅力，培养对传统文化和家乡地域文化的喜爱。

（三）活动过程

1. 任务驱动促发展

（1）对话导入。

师：同学们，我们最近学习了一篇童谣《传统节日》，谁来背一背？

（学生背诵《传统节日》）

追问：这首童谣中出现了哪些传统节日？

生：春节、元宵节、清明节、端午节、乞巧节、中秋节、重阳节。

师：你瞧我们中国有那么多的传统节日，你们最喜欢的是哪一个呢？请同学们选择自己最喜欢的中国传统节日，回到家里通过问爸爸妈妈或者上网查一查又或者看书来了解这个节日的来源和风俗，并且回忆一下你们之前都是怎么过这个传统节日的？

（2）介绍传统艺术形式——国画。

师：同学们，你们知道除了用童谣来歌颂我们的传统节日，还可以用什么方式来展示我们的传统节日呢？

生1：写诗。

生2：拍照片。

生3：画画。

师：原来有这么多文雅有趣的方式可以展示我们的传统节日啊！刚刚老师听到有同学说古诗和画画可以展现我们的传统节日，那你们知道吗？我们中国丰富多样的传统艺术中有一种绘画形式叫作"国画"（出示国画图片），主要使用毛笔、墨水还有一些矿石研磨的颜料画成的。此外，古人还特别喜欢在国画中题上诗句、作者和作画的日期（出示题款图片），你们知道这些写在国画中的字和印章叫什么吗？

师：老师听到有同学摇摇头，写在国画中的文字和印章叫作"题款"，又称落款、款题、题画、题字，或称为款识。中国画的题款，包含"题"和"款"两方面内容：在画上题写诗文为"题"。在画上记写年月签署姓名别号和盖印章等，称为"款"。下面让我们一起观看视频，了解"题款"的相关知识吧！

（观看视频，了解"题款"文化）

（3）布置任务。

（教师引导同学们完成下面的任务）

必做：选择最喜欢的传统节日，了解这一节日的来源和风俗文化。

选做（至少选择一项完成）：①制作一张传统节日手抄报；②准备一首关于传统节日的家乡方言的童谣，可以拍唱童谣的视频，也可以在课堂上现场清唱；③画一幅关于传统节日的画，并在画中写上一首关于这个节日的诗歌题款。

（4）实施任务。学生根据任务要求课后完成活动任务。

【说明：《义务教育语文课程标准（2022年版）》明确提出："跨学科学习任务群旨在引导学生在语文实践活动中，联结课堂内外、学校内外，拓宽语文学习与运用领域。"[①]这需要我们整合课内外、校内外、多学科的内容和资源设置活动任务，从而发挥其综合性。笔者以统编版小学语文二年级下册的童谣《传统节日》作为切入口，谈话导入本活动

---

① 中华人民共和国教育部 . 义务教育语文课程标准：2022年版 [M]. 北京：北京师范大学出版社，2022：34.

案例的主题。为了实现语文和美术的学科融合，并弘扬中国传统艺术的文化，利用图片和视频向学生介绍了国画中的"题款"文化。接着，笔者给学生设计了必做任务（了解传统节日习俗）和选做任务（通过制作手抄报、带题款的绘画和方言童谣展示传统文化三选一），给予学生个性化选择和自主创新的空间，体现语文与音乐、美术等艺术学科相融合，促进学生的综合能力。】

2. 合作交流展成果

（1）小组交流。分享自己了解到的传统节日的风俗文化或者自己的过节经历，其他小组成员进行点评（表4-4）。

表4-4　小组互评表

小组互评表					
班级		评分人		小组	
项目		组员 1	组员 2	组员 3	组员 4
说话流利吗？		♡ ♡ ♡	♡ ♡ ♡	♡ ♡ ♡	♡ ♡ ♡
普通话标准吗？		♡ ♡ ♡	♡ ♡ ♡	♡ ♡ ♡	♡ ♡ ♡
认真倾听别人说话了吗？		♡ ♡ ♡	♡ ♡ ♡	♡ ♡ ♡	♡ ♡ ♡
他分享的内容多吗？		♡ ♡ ♡	♡ ♡ ♡	♡ ♡ ♡	♡ ♡ ♡
他分享的内容有趣吗？		♡ ♡ ♡	♡ ♡ ♡	♡ ♡ ♡	♡ ♡ ♡
说错字音吗？		♡	♡	♡	♡
你听懂他（她）说的话吗？		♡	♡	♡	♡
他（她）分享的内容有你没听过的吗？		♡	♡	♡	♡

（2）班级才艺展示。

向全班同学进行才艺展示。

【唱传统节日方言童谣】

学生展示。

师追问：是哪个地方的方言？歌词唱的是什么意思？童谣展示的是什么传统节日？向同学们介绍一下童谣歌颂的传统节日。

学生回答，教师点评指导。

生评和自评：展示学生给自我评价表的爱心涂色（表4-5），其他学生以小组为单位给生生互评表中对应的一栏爱心涂色（表4-6）。

表4-5 自我评价表

自我评价表	
你觉得自己唱得好吗？	♡♡♡
你了解童谣展示的是什么传统节日吗？	♡
你了解童谣歌词的意思吗？	♡

表4-6 生生互评表

班级		评分小组		
姓名	你喜欢他（她）唱的童谣吗？	他（她）了解童谣的意思吗？	他（她）认真倾听别人说话了吗？	他（她）说话流利、普通话标准吗？
	♡♡♡	♡♡♡	♡♡♡	♡♡♡
	♡♡♡	♡♡♡	♡♡♡	♡♡♡
	♡♡♡	♡♡♡	♡♡♡	♡♡♡
	♡♡♡	♡♡♡	♡♡♡	♡♡♡
	♡♡♡	♡♡♡	♡♡♡	♡♡♡

【展示带题款的传统节日绘画】

利用投影仪展示学生的绘画作品，学生讲解绘画内容，朗读并解释题款的内容。

教师点评指导。

生评和自评：展示学生给自我评价表的爱心涂色（表4-7），其他学生以小组为单位给生生互评表中对应的一栏爱心涂色（表4-8）。

表4-7 自我评价表

自我评价表	
你觉得自己画得好看吗？	♡♡♡

续表

自我评价表	
你了解绘画展示的传统节日吗？	♡
你写题款了吗？	♡
你了解题款的意思吗？	♡

表 4-8　生生互评表

班级			评分小组	
姓名	你喜欢他（她）的画吗？	你喜欢他（她）写的题款吗？	他（她）认真倾听别人说话了吗？	他（她）说话流利、普通话标准吗？
	♡♡♡	♡♡♡	♡♡♡	♡♡♡
	♡♡♡	♡♡♡	♡♡♡	♡♡♡
	♡♡♡	♡♡♡	♡♡♡	♡♡♡
	♡♡♡	♡♡♡	♡♡♡	♡♡♡
		♡♡♡	♡♡♡	♡♡♡

【展示手抄报】

利用投影仪展示学生的手抄报，学生讲解手抄报内容。

教师点评指导。

生评和自评：展示学生给自我评价表的爱心涂色（表 4-9），其他学生以小组为单位给生生互评表中对应的一栏爱心涂色（表 4-10）。

表 4-9　自我评价表

自我评价表	
字好看吗？	♡♡♡
插图好看吗？	♡♡♡
工整吗？	♡♡♡
内容丰富吗？	♡♡♡
有错别字吗？	♡
你了解手抄报展示的传统节日吗？	♡

表 4-10　生生互评表

班级				评分小组		
姓名	喜欢这份手抄报吗？	字好看吗？	插图好看吗？	内容多吗？	他（她）说话流利、普通话标准吗？	有错别字吗？
	♡♡♡	♡♡♡	♡♡♡	♡♡♡	♡♡♡	♡
	♡♡♡	♡♡♡	♡♡♡	♡♡♡	♡♡♡	♡
	♡♡♡	♡♡♡	♡♡♡	♡♡♡	♡♡♡	♡
	♡♡♡	♡♡♡	♡♡♡	♡♡♡	♡♡♡	♡
	♡♡♡	♡♡♡	♡♡♡	♡♡♡	♡♡♡	♡

交流讨论：分享一下自己最喜欢谁展示的作品？为什么？

上交自我评价表、小组评价表和生生互评表，统计每个学生涂色的爱心数量。设置数量排名前五的学生为一等奖，排名前 6 ~ 15 名的学生为二等奖，其他学生为三等奖，给不同奖项的学生颁发不同的奖品。

【说明：《义务教育语文课程标准（2022 年版）》明确提出："引导学生在广阔的学习和生活情境中学语文、用语文，提高交流沟通、团队协作、实践创新能力。"[1] 通过让学生展示并解说自己的作品，与同学们交流分享自己了解到的传统节日习俗文化，促进学生对中国传统文化的了解，提高学生的口语表达能力。《义务教育语文课程标准（2022 年版）》明确提出："评价以鼓励为主，既充分肯定学生的发现和创造，又引导学生自我反思提升，不断提高跨学科学习的质量。"[2] 针对低年级学生天真童趣的特点，笔者设计了符合低年级学生年龄特点的自我评价表、小组评价表和生生互评表，以通俗易懂的访问式问题展现细化的评价项目，并且针对不同的展示形式设定了不同的评价项目，并让学生通过给爱心涂色的方式对自己和其他同学进行量化评价，童趣精致的爱心图标深受学生的喜爱，学生也在他评和自评中，提高了鉴赏评价能力。最后，统

---

① 中华人民共和国教育部．义务教育语文课程标准：2022 年版 [M]．北京：北京师范大学出版社，2022：36.

② 中华人民共和国教育部．义务教育语文课程标准：2022 年版 [M]．北京：北京师范大学出版社，2022：36.

计每个学生获得的涂色爱心数量，设置一、二、三等奖，每一个参与的学生都能获得奖励，极大地激发学生的兴趣和热情，鼓舞了学生的学习自信。】

（四）实施要点

1.探究主题要明确

本活动案例遵照新课程标准低年级跨学科教学内容要求："参与学校、社区举办的节日和风俗活动，留意身边的传统节日、风俗习惯等文化现象，感受和学习生活中的中华优秀传统文化。"[①]让学生通过自主探究了解传统节日文化的相关知识，感受中华传统文化博大精深、源远流长的魅力，培养对传统文化和家乡地域文化的喜爱，初步形成对中华传统文化的认同和喜爱。通过主动交流和分享参加节日风俗经历，提高学生的口语表达能力。通过制作手抄报、画年画、写诗歌题款、唱方言童谣等活动，提高审美鉴赏能力和语言运用能力。

2.任务驱动促发展

笔者以统编版小学语文二年级下册的童谣《传统节日》作为切入口，通过谈话导入本活动案例的主题。为了实现语文和美术的学科融合，并弘扬中国传统艺术的文化，笔者利用图片和视频向学生介绍了国画中的"题款"文化。接着，笔者给学生设计了必做任务（了解传统节日习俗）和选做任务（通过制作手抄报、带题款的绘画和方言童谣展示传统文化三选一），给予学生个性化选择和自主创新的空间，体现语文与音乐、美术等艺术学科相融合，促进学生的综合能力。

3.合作交流展成果

通过让学生展示并解说自己的作品，与同学们交流分享自己了解到的传统节日习俗文化，促进学生对中国传统文化的了解，提高学生的口语表达能力。

4.评价总结激兴趣

针对低年级学生天真童趣的特点，笔者设计了符合低年级学生年龄

[①] 中华人民共和国教育部.义务教育语文课程标准：2022年版[M].北京：北京师范大学出版社，2022：34.

特点的自我评价表、小组评价表和生生互评表，以通俗易懂的访问式问题展现细化的评价项目，并且针对不同的展示形式设定了不同的评价项目，并让学生通过给爱心涂色的方式对自己和其他同学进行量化评价，童趣精致的爱心图标深受学生的喜爱，学生也在他评和自评中，提高了鉴赏评价能力。最后，统计每个学生获得的涂色爱心数量，设置一、二、三等奖，每一个参与的学生都能获得奖励，极大地激发学生的兴趣和热情，鼓舞了学生的学习自信。

第二节　小学语文中年级跨学科学习活动的设计案例

时代的马车从未停止前进的步伐，我国的义务教育语文课程也在不断摸索中探索前行。《义务教育语文课程标准（2022 年版）》提出的跨学科学习活动学习任务群这一新形式，替代了之前的综合实践活动。借助小学语文跨学科学习活动这一形式，对促进学生语文素养提升有重要作用[①]。经过"幼小衔接"的两年学习时光，小学中学段的学生认知发展水平有了显著的提升，并初步培养了学生的跨学科学习意识，引导学生自主进行语文学习活动。在这个基础上，小学中年级学生开展跨学科学习活动，要更加注重学生与日常生活的联系，以校园活动、中华优秀传统文化等元素作为相关主题构建学习平台，营造自主、探究、合作的氛围，拓宽学生语文学习的实践路径，培养学生的参与意识和合作能力，促进小学中年级学生核心素养的发展。

基于此，笔者设计了两个分别以语文学科为主，语文与艺术、语文与科学相融合，同时渗透语文核心素养教育的跨学科学习案例。两个案例严格遵循新课标的要求，立足文化自信、语言运用、思维能力以及审美创造这四大核心素养，把握跨学科学习的本质属性，在语文学科的基础上"添砖加瓦"，借助课内外的教学方式，以学生的日常学习生活为主题，引导学生综合运用多学科的知识发现、分析、解决问题，达到语文学科工具性和人文性的统一。

---

① 王春玉.小学语文跨学科教学实践探索——以"面面俱到"课程为例 [J]. 中小学信息技术教育，2021（06）：70-71.

一、"我是小小朗读者"朗诵会

（一）背景设计

1. 课程标准分析

随着《义务教育语文课程标准（2022年版）》的施行，语文课程的教学越来越注重语文课程的实践性，教师要创设具体的语言情境，帮助学生在实践中增强语言运动能力，引导学生热爱国家通用语言文字。同时新课标全面落实了有理想、有本领、有担当的时代新人培养要求，着重于培养学生文化自信、创新思维能力等核心素养。《义务教育语文课程标准（2022年版）》对中学段跨学科学习活动的设计和开发提出了以下要求：尝试运用科学、艺术、信息技术等相关知识和技能，富有创意地设计和主动参与朗诵会、故事会和戏剧节等校园活动。本节案例设计就是以创新设计并参加朗诵会为主题，通过举办本次校园活动，旨在让学生在参与过程中培养创新思维和意识。并且朗诵会的一列活动也可以培养学生的艺术文化素养，增强学生的文化自信，在朗诵过程中培养学生对我国通用语言文字的运用能力。

2. 学情分析

三、四年级的学生处于具体运算阶段。根据皮亚杰的认知发展理论可知，具体运算阶段是认知发展的一个重要转折点，这个时候的儿童思维比之前更具逻辑性、灵活性和组织性，他们的求知欲十分旺盛，做事积极，什么事都想听一听、看一看、干一干，愿意主动参加集体活动。因此我们要遵循学生的身心发展规律，积极开展朗诵会活动。并且三、四年级的学生已经表现出创造力倾向，教师和家长鼓励学生参加朗诵会活动可以很好地培养学生的创新意识，促进学生更好地发展。

（二）目标设计

1. 知识与技能

（1）通过参加朗诵比赛，可以帮助学生归纳整理本学期学习过的诗词，还可以拓展学生的诗词量，激发学生学习诗词的兴趣。

（2）通过多种形式的朗诵表演，可以激发学生对朗诵的兴趣。

2. 过程与方法

（1）探讨朗诵会比赛细节的过程中，可以培养学生的分析、思考问题的能力，锻炼学生勇于发表自己的意见。

（2）探讨过程可以很好地培养学生的团队合作能力。

3. 情感态度与价值观

（1）朗诵诗词意象，弘扬优秀传统文化，增强学生文化自信。

（2）通过多种形式的朗诵，增强学生语言运用能力，引导学生爱上我国通用语言文字并培养保护方言的意识。

（3）经典古诗文能够陶冶学生情趣，在朗诵中获得审美经验，逐步培养学生正确的审美观念和良好的三观。

（4）通过硬笔书法以及画画的形式，培养学生对艺术的兴趣，增加艺术细胞。

（5）放手让学生创意设计朗诵会，培养学生的创新思维能力。

（三）活动设计

1. 创设情境，布置任务

师：刚刚我们已经把第六单元的古诗三首学完了，现在全班同学一起大声地朗读一遍，字词读音一定要看清读准，不要求读得快，但是一定要读准字音，大家都明白了吗？

生：明白了！

（朗读几分钟后）

师：大家都读很棒，值得表扬！但是老师刚刚在巡堂的时候发现还是有个别同学读错字音，没有认真朗读，希望这些同学课下可以再认真读一遍，有不懂的可以请教同学或者来找老师。距离下课还有一段时间，老师想问你们一个问题。你们喜欢朗诵吗？还是很讨厌阅读，大家都可以发表自己的观点。

生：喜欢／讨厌。

师：那你们能说一下你们喜欢／讨厌朗诵的原因吗？

生：朗诵可以使人心情愉悦。

生：朗诵太累了，有太多的要求，又要有感情，还要断句、抑扬顿挫的读。

师：看起来同学们的观点五花八门，老师现在给你们放一段朗诵比赛的片段好不好？等下你们告诉老师他朗诵得好不好？

生：（叽叽喳喳）好！好！

（教师开始放映）

师：这个视频是央视节目《朗读者》的朗诵视频片段，有没有同学了解过，看过这档节目呀？

生：看过／没看过。

师：没关系，看过的同学再细细品味一回，没看过的同学也不要紧，我们今天刚刚学完古诗词三首，大家可要认真观看，学习一下别人是怎么朗诵的，看看有什么朗诵的好技巧。

（十几分钟过后）

师：刚刚同学们已经看完了视频，你们觉得里面的人朗诵得好不好呀？

生：好！

师：那你们觉得好在哪里呀？有没有哪位同学自告奋勇说一下自己的想法？大胆一点！

生：语调抑扬顿挫／有肢体动作／感情丰富饱满，让人代入其中……

师：大家说得都很对，看起来同学们都有仔细地观看视频，老师希望你们可以把这些朗诵技巧记住并且在以后的朗诵中用上，你们可以做到吗？

生：可以！

师：刚好前段时间学校领导让我帮忙组织策划一场校园朗诵会，我们师生合力一起策划本次朗诵会比赛，看看能否激起你们对朗诵的兴趣好不好？等下课有兴趣的同学来找老师报名，我们一起来策划这次的朗诵会活动，其他没参加的同学老师希望可以在朗诵会上看到你们参赛。当然参加策划的同学也可以报名参赛，大家说好不好？

生：好！

师：首先老师先跟同学们介绍一下，我们这次将要开展的朗诵会是一次跨学科学习活动，从字面意思上理解就是除了语文学科，还会涉及其他学科的知识。因此同学们在策划方案时不必拘泥于语文学科，要拓宽你们的思维。既然这样子的话，下定决心要参加的同学记得放学回家后通过互联网相关渠道搜集有关朗诵会活动方案的相关资料，了解一下跨学科学习活动和一份完整的活动方案包括什么，到时候我们一起讨论一下，制定一套完善的活动方案。好了，今天的课就上到这里，下课！

生：谢谢老师。

【说明：充分利用互联网资源，给学生播放相关的朗诵视频，让学生观看视频感受朗诵的魅力。随后教师与学生进行对话，引导学生打开"话匣子"，说出自己对朗诵以及看完这段视频的感受，看完视频后对朗诵有什么想法？最后在提议策划并参加朗诵会校园活动的想法，调动学生的参与积极性，激发学生对朗诵的兴趣。】

2. 制定活动方案

师：上节课结束后，大部分同学都到办公室和老师报名参加策划，看起来大家都热情高涨，老师很欣慰，你们勇于尝试不熟悉的领域和事物，都是好样的！大家给自己一点掌声。既然班上那么多同学都决定参加，那我们就在班里讨论如何策划好本次活动。上节课下课前，老师给你们布置了一个任务，你们还记得吗？有哪位同学回去查阅搜集资料了吗？可以举手主动起来和我们大家分享一下你搜集到的信息。

（大部分同学都积极举手汇报）

生：跨学科学习活动旨在引导学生在语文实践活动中综合运用多学科的知识发现问题、分析问题、解决问题，进而达到培养学生运用所学知识解决实际问题的能力的目标。

生：一份朗诵会活动方案包括参赛内容和形式的选择、评分细则、评委、比赛规则、其他注意事项等。

师：说得很好，请坐。看起来大家都有回去好好查阅搜集资料，知道了什么是跨学科学习活动，还把朗诵会的要素和程序都大概了解清楚了。（教师板书写出来）老师再给你们提出一点问题：①比赛时间选择哪一天最好？②参赛内容和形式要怎么确定？③比赛规则如何确定？④如何确定主持人和主持稿？⑤有哪些注意事项？请同学们根据老师刚刚提出的问题结合黑板上的板书思考，分小组进行讨论交流，最后派代表进行汇报。同学们明白要求了吗？

生：明白了！

（学生讨论交流得出方案）

师：除了这些传统朗诵会都具备的要素以外，同学们还有别的想法吗？可以说出来大家一起商讨交流一下。

（学生鸦雀无声）

师：老师可以给同学们提醒一下，首先，朗诵会一定要用朗读的方式吗？不知道大家有没有在电视上看过《朗读者》和《经典咏流传》这两个节目，其中有一期的嘉宾就是用唱歌的方式去"朗诵"《水调歌头》，把古诗词用唱的方式表现出来，反而带给我们一种全新的，更加震撼的体验。大家可以思考一下我们能不能也借鉴一下这种方式？其次，一般朗诵会评分完颁奖后是不是直接就结束了呀？（生：对）那我们能不能多设置一个环节？例如说我们在赛后整理好朗诵获奖者的朗诵作品，可以选出擅长书法和画画的同学，让他们用毛笔字临摹获奖作品，根据诗词的意象做出图画，并分发到各个班级进行展览，激发学生对朗诵、书法和画画的兴趣。大家可以开动自己的小脑筋，有什么新的想法都可以提出来。

（适时指导，引导学生思考）

生：老师的想法很有创意，我们觉得可以尝试一下！

师：那接下来就要开始制定完善的朗诵会方案了，大家有没有信心完成这次的活动策划案？

生：有！

【说明：策划朗诵会这种校园活动对学生来说既是一次新奇的体验，也不失为一次锻炼学生的机遇。因此教师在策划过程中要注意引导学生发散思维，积极思考发表自己的意见，给予适时的帮助，培养学生的创新思维和能力。】

朗诵会活动方案

一、活动目的

为进一步贯彻落实新课程标准，通过诗歌朗诵，引导学生感受传统文化的魅力，增强爱国主义情感，发扬社会主义文化，营造弘扬传统文化、发扬爱国传统的校园文化氛围，本校特举办"我是小小朗读者"朗诵会。

二、活动主题

"诵读中华美文，争做博学少年"

三、比赛时间

××月××日

四、比赛地点

××地方

五、比赛内容和形式

1. 内容要以热爱生活、热爱校园、歌颂家乡、歌颂祖国、歌颂党的古诗词为主，倡导结合实际的创作。（可挑选意象较为常见的诗词，例如说月亮、乡村生活等）

2.形式可多样，在背诵的形式上有所创新，可以是独诵、双人朗诵或小组朗诵、集体朗诵，也可以用唱歌的方式进行朗诵，并可以适当配乐和表演，朗诵可脱稿也可看稿，倡导脱稿朗诵，脱稿的将进行适当加分。音乐、道具、服装等均为综合评分内容。（但要注意，艺术表现形式只是辅助手段，不能喧宾夺主；道具、配乐等自备）

六、比赛要求

1.参赛选手应按时到场签到、抽签、比赛。

2.选手参赛必须使用普通话，倡导脱稿朗诵；每位选手比赛时间限定在3～5分钟内，如果超时或不足，评委将适当扣分。

3.比赛顺序由抽签决定，中途不变更顺序，比赛需紧凑进行，选手上场迟到2分钟视为弃权。

4.参赛选手必须严格遵守比赛规则，比赛过程中，若有疑义，由评委会裁定。

5.比赛结束后，把各个参赛成员分成若干个小组。首先让学生自评得出一个分数，如果自评分数过高，同组成员可质疑。随后让同组的其他选手进行他评，最后再让评委进行评分，三组分数取平均数得到最终的评分。

七、评分细则

1.衣着得体，与朗诵内容相协调，精神饱满，姿态得体大方。朗诵形式富有创意，配以适当乐曲或以其他富有创意形式朗诵。

2.内容熟练，吐字清晰，普通话标准，能很好把握节奏。能正确把握内容，朗诵富有韵味和表现力，能与观众产生共鸣。

3.内容熟练，吐字清晰，普通话标准，能很好把握节奏。能正确把握内容，朗诵富有韵味和表现力，能与观众产生共鸣。

4.感情饱满真挚，表达自然，能通过表情的变化反映作品的内涵，基本功扎实、发挥出色、振奋人心。

八、奖项设置

本次朗诵大赛设一等奖3名、二等奖5名、三等奖7名及优秀奖若干。

九、评委

××　××　××　××（校领导）

十、成果展示

1.整理获奖作品，在全校海选出擅长毛笔字和画画的同学。

2.根据诗词临摹的书法作品以及诗词的意象作出图画，并在全校班级展览。

附：评价表

项目	分数	评分标准	得分	备注
朗诵内容	A	朗诵内容紧扣主题，值得朗诵		
	B	朗诵内容与主题相关		
	C	朗诵内容与主题完全脱离		
仪容仪表	A	仪态自然大方、有自信，精神饱满，神态亲切		
	B	仪态较为自然大方，有自信，精神状态良好		
	C	神情紧张慌乱，仪态不自然、不大方，紧绷神经		
语言表达	A	吐字清晰准确，普通话标准，语言生动富有韵律感，声音响亮，朗诵流利，在标点符号前停顿恰当		
	B	吐字较为清晰，普通话比较标准，语言发音正确，声音较响亮，朗诵流利		
	C	吐字不清晰，普通话非常不标准，发音不准确，朗诵不流利，标点符号不停顿		
情感表现	A	神情姿态可以准确、形象地表达朗诵内容和思想情感，渲染气氛，增强表达效果		
	B	神情姿势自然，表达效果一般		
	C	神情紧张，姿态僵硬，表达效果差		
朗诵效果	A	朗诵有感染力，声情并茂，富有韵味和表现力，能让观众产生共鸣		
	B	朗诵比较有感染力，可以适当带动关注情绪		
	C	朗诵缺乏感情，不能引起关注共鸣		
创意加分	A	完美呈现多形式朗诵，适当配以音乐或手势		
	B	能够较好地做到多形式朗诵		
	C	单纯的朗诵，缺乏音乐及肢体动作		

3. 开展朗诵会

教师和参与策划却不参加比赛的其他同学要负责维护好现场的秩序，确保比赛得以顺利进行。教师同时也要对学生进行引导，重在参与，重要的是参加比赛能够获得经验和历练，对自身的发展可以起到促进作用。

教师还可以在全校范围征选出对摄影感兴趣的同学，主要抓拍参赛选手在朗诵过程中的精彩瞬间，在朗诵会活动结束后，对照片进行整理归纳，最后在全校范围展示。

4. 排名评选

评委根据比赛要求和评分细则，以朗诵评价量表的评价标准对每位朗诵参赛选手的朗诵表现进行评分，最后得出名次。

5. 成果展示

根据诗词临摹的书法作品以及诗词的意象做出图画，并在全校班级展览。

6. 反思改进

师：在大家的齐心协力之下，我们终于顺利地举行了朗诵会。在策划朗诵会活动方案时，大家都开动了自己的小脑筋，贡献了自己的一份力量，值得表扬！现在请大家反思一下整个过程中，我们哪些地方做得很好？哪些地方还需要改进？只有经过反思改进，以后在策划活动时我们就可以避免再次犯同样的错误。

生：我们发挥了团队合作的精神，分工明确，策划活动前查阅搜集了资料等；但是主动性还不够，只有部分人主动通过互联网到搜集资料，并且也没有很好地做到创新。

师：看起来同学们真的有做到好好反思，老师在这次策划活动看到了你们身上优秀的品质和努力，虽然我们还有一些地方做得不够好，我们班级是一个大家庭，大家应该互帮互助，共同努力，共同进步，老师相信你们下次可以做得更好！

【说明：朗诵会成功举办后，教师要积极开展反思改进会议，引导学生回忆策划活动过程中遇到的困难，以及在解决困难的过程中的收获和体会，整理归纳自己做得好和不好的地方，进行反思改进，为下次策划活动方案打下良好的基础。】

7. 评价设计

语文课程评价包括过程性评价和终结性评价。过程性评价贯穿语文学习全过程，终结性评价包括学业水平考试和过程性评价的综合结果。但在开展朗诵会跨学科活动中运用的多为形成性评价。过程性评价重点考查学生在语文学习过程中表现出来的学习态度、参与程度和核心素养的发展水平，应依据各学段的学习内容和学业质量要求，体现多元主体、多种方式的特点。基于本次跨学科学习活动，笔者设计了三种评价方式：自评（表 4-11）、互评（别的参赛选手评价）与评委评（表 4-12）。

表 4-11　朗诵自评表

姓名	
项目	评价
所选的内容是否贴合朗诵会要求的主题？	
朗诵时的语言表达是否流畅、洪亮有力？	
朗诵时是否饱含情感，代入朗诵内容？	
朗诵是否感染听众，引起共鸣？	
朗诵时的神情和姿态是否自然、落落大方？	
朗诵时有无引入其他形式，具有创意？	
你对自己的朗诵是否感到满意？	
你觉得自己有哪些做得好的方面？	
你觉得自己有哪些做得不是很好的方面？	

表 4-12　朗诵他评表

姓名	
项目	评价
你觉得他（她）所选的内容是否贴合朗诵会要求的主题？	
你觉得他（她）朗诵时的语言表达是否流畅、洪亮有力？	
你觉得他（她）朗诵时是否饱含情感，代入朗诵内容？	
你觉得他（她）朗诵是否感染听众，引起共鸣？	
你觉得他（她）朗诵时的神情和姿态是否自然、落落大方？	
你觉得他（她）朗诵时有无引入其他形式，具有创意？	
你觉得他（她）的朗诵效果如何？	
你觉得他（她）有哪些做得好的方面？	
你觉得他（她）有哪些做得不是很好的方面？	

（四）实施要点

"我是小小朗诵者"是基于小学语文的跨学科学习活动，旨在引导学生创意设计并主动参与朗诵会这一校园活动。整个活动过程分为两个部分，一是前期策划方案部分，二是开展朗诵会比赛部分。下面从四个方面简要说明实施本次跨学科学习活动的要点。

1. 探究主题要明确

明确主题和任务，能够激发学生的探究欲望，提高学生的工作效率。笔者从学生学习生活实际出发，发现部分学生存在讨厌朗诵的情况，明确了探究主题。在策划方案前笔者便引导学生通过互联网渠道查阅资料，搜集信息，培养了学生运用互联网资源搜集、整理信息的能力；并指出本次朗诵会活动的性质是跨学科学习活动，让学生拓宽思维，创新设计本次朗诵会活动方案。

2. 驱动问题引思考

驱动性问题可以在一定程度上引导学生思考，促进学生思维的跳跃和发展。通过一系列驱动性问题的设计促使学生加深对相关概念的理解，让学生积极投入一系列的思考活动中，对每一个问题提出解决方案。学生在不断的思考中调整设计方案，促进方案的不断完善。

3. 合作交流出成果

合作交流是确保活动顺利进行的重要基础和保障，是进行跨学科学习活动的重要学习方式。跨学科学习要运用多学科知识在实际生活中分析、解决问题，根据多元智能理论，每个人的智能构成都是独一无二的，都有自己擅长的部分，因此在开展跨学科学习活动时，需要学生沟通交流，在解决问题的过程中学会合作，共同分担。不同的思维和思路在讨论交流中碰撞，才能得出成果。

4. 反思总结促发展

得到结果不是最后一步，反思总结才是最后的点睛之笔。反思总结环节对开展跨学科学习活动具有重要的指导作用。不论是独立的探究，还是两两结对的讨论，抑或是小组合作的学习，每个环节都要有反思，最终的评价也是对学生进行平面设计反思提出的要求，让学生与小组在不断地反思中更加精进设计方案，促进学生向活动之外延伸发展。

二、"听我来劝告"

（一）背景设计

1. 课程标准分析

《义务教育语文课程标准（2022年版）》对中学段跨学科学习活动的设计和开发提出了以下要求：选择自己发现和关心的日常语言、行为、校园卫生、交通安全、家庭教育等方面的问题进行调查研讨，尝试写出简单的研究报告，与同学交流。根据上述的课标要求，本次跨学科活动的主题如下所示。

同学们，在生活中我们会遇到许多这样的事情，有人出门不戴口罩，有人过马路闯红绿灯，有人随地乱扔垃圾，有人在学校的楼梯上追逐打闹，有人恶意对待小动物，大家觉得这些行为是正确的吗？如果你碰到这些事情，你会怎么做？如果要劝告的话，你要怎么劝告才可以让别人信服你说的话是对的？

2. 学情分析

三年级的学生对于人际交往有了比较初步的认识，身边总是围绕着一群朋友。这个时候的学生与同伴的友谊进入了一个双向帮助的阶段，他们对友谊的认识有了提高，但是仍存在诸多不足，并且三年级的学生开始进入少年期，他们会表现出一种要求独立摆脱成人控制的强烈欲望。在这个阶段对学生开展调查研究的跨学科学习活动遵循了身心发展规律，解决调查活动的过程中遇到的困难和问题可以提高学生对人际关系的认识，培养学生的自信心，更好地促进学生的成长。

（二）目标设计

1. 知识与技能

（1）通过对不同主题的信息搜集和探讨，学生能够学习和掌握不同主题的相关知识。

（2）主题的多样性有利于提高学生综合运用和整合多学科知识的

能力。

（3）通过劝告，在真实的语言运用情境中，提高学生的语言运用能力。

（4）在劝告前，指导学生搜集查阅资料，培养学生合作交流及搜集整理资料的能力。

2.过程与方法

（1）鼓励学生多形式成果汇报，培养学生运用多媒体的能力，借助不同媒介表达自己感受。

（2）通过团队协作的方式解决调查研讨过程中遇到的困难，帮助学生培养合作精神。

3.情感态度与价值观

通过一系列的调查研讨活动，帮助学生在预设的问题情境中感悟保护动物、遵守交通规则、为了他人生命安全负责、上下楼梯不打闹等情感，逐步引导学生树立正确的情感态度和价值观。

（三）活动设计

1.创设情境，引出课题

师：同学们上课！

生：老师好！

师：同学们请坐。今天我们来上一节别开生面的语文课，相信同学们都会感兴趣的，具备是什么，等下同学们就可以体会到了。大家想不想马上开始上课呀？

生：想！

师：好！首先请同学们闭上双眼，不可以偷偷睁开眼睛，等到老师说可以了才能够睁开眼睛，我看看哪位小朋友最听话。同学们都听懂老师的要求了吗？

生：明白了！

师：现在我们开始上课。（教师播放一段音频：小鸟鸣叫的声音、小溪哗哗流淌的声音、树枝被风吹动的声音等）同学们仔细聆听老师播放的这段音频，老师会多放几遍，看看有哪位同学能够听出这个音频是在什么地方录制的？

（音频循环播放，教师在课堂走动巡堂）

生：老师，我听出来了，这个地方是森林，因为有流水声、鸟声还有风声。

师：你回答得很正确，看得出来你平时在日常生活中很留心观察周围身边的事物，一下就听出来了这个音频代表的是森林，希望你以后可以继续保持这个良好的习惯，请坐。没听出来的同学也没关系，老师再给你们播放一遍，大家闭上眼睛仔细感受一下身处森林是一种什么的感觉。

（切换音频，突然间枪声四起，小鸟的哀鸣声此起彼伏）

生：老师你怎么突然切换音频了，吓死我们了！

师：老师之所以突然切换音频是想给你们一种反转的感觉，刚刚老师播放的音频画风突然转变了，有没有同学听出来了可以主动站起来和大家说一说？

生：我听到了开枪的声音；还有小鸟哀鸣的声音。

师：大家说得都很对，看起来同学们都有顺风耳，一下就听出来了刚刚的声音是什么，请坐。好了，大家现在可以睁开眼睛了，大家回想一下老师播放的第一段音频，听的时候你是什么感觉？你的脑海里出现了一幅怎么样的图画？

生：那是一幅生机勃勃的森林图画，有小鸟、小溪还有风声，让我感觉很宁静安详。

师：可以把自己的感受大声地说出来，而且描绘得生动形象，值得表扬，请坐。刚刚那位同学说他看到了一幅让他宁静安详的森林生机图，有哪些同学和他感受是一样的，举起你们的小手给老师看一下。

（全班同学唰唰举手）

师：看起来大家跟他的感受是一样的，好了，可以把手放下来了。大家对第一段音频的解读很准确，老师也和大家有同样的感受。但是突然间枪声响起，随着而来的是小鸟的哀鸣声，同学们猜一下这个时候发生了什么事？

生：有人带枪进入森林里面猎杀小鸟。

师：说得很好，第二段音频就代表猎人进入森林猎杀小鸟，于是从一开始的宁静安详变得？

生：死气沉沉、惨烈……

师：大家的形容词用的都很好，都可以用来形容小鸟在森林遭到猎杀时的悲惨命运。同学们觉得这样的行为对不对呀？

生：不对，小鸟是我们的朋友，我们不应该猎杀他们。

师：同学们都独有爱心和同情心，没错，小鸟是我们的朋友，我们不应该伤害他们。如果是你们的话，为了不让这样的事情再发生，你们会怎么做呢？

生：打电话叫警察叔叔帮忙、及时阻止他们……

师：同学们的建议都有道理，老师刚刚听到一个回答跟我们这堂课的主题十分接近，那就是及时出声制止猎人，也就是要去劝告猎人。但是同学们想一想，你们要怎么说才能够让猎人不再猎杀小鸟呢？开动你们的小脑筋仔细想一想。

（教师板书：劝告生物——停止猎杀小动物）

【说明：教师通过播放相关音频，让学生闭上眼睛来想象的方式来创设情境，可以在一定程度上激发学生的探究兴趣，加上三、四年级的学生处于具体运算阶段，根据皮亚杰的认知发展理论，该阶段的学生已经具备一定的抽象思维，不需要借助具体的事物进行思考。一前一后两段截然不同的音频带给学生生动形象的听觉冲击，可以让学生更好地感受、代入主题。】

2. 立足生活实际，发现问题

师：刚刚老师提出了一个问题，要怎么劝告猎人才能够让他不再猎杀小动物？同学们再想一想，日常生活中我们遇到哪些事情是很危险的，但还是有很多人不惜违反规定。老师可以给大家提醒一下，例如说不遵守交通规则，过马路闯红灯。同学们可以根据这个事例想一想生活中还有哪些类似危险的事情？不妨大胆一点站起来和其他人分享一下。

生：出门不戴口罩、危害其他人的安全、随地乱扔垃圾、在学校的楼梯追逐打闹……

师：同学们的小脑筋转得很快，一下就想出来了。刚刚同学们举的例子都很正确，这些都是很危险的行为，但是依旧还有人违反规定，很容易导致他人的生命安全受到威胁。（PPT出示利用互联网媒体资源查阅的资料）每年因为闯红灯、在学校追逐打闹发生的惨案数不胜数；近几年受疫情影响，专家呼吁我们出门佩戴口罩，因为个别人参加社会聚集活动没有佩戴口罩导致多人感染新冠肺炎的事情也层出不穷；每年因为垃圾乱丢乱扔的问题，导致我国部分城市市容市貌和居民的身心安全受到威胁，环保成本居高不下……同学们，以上我们刚刚列出的危险行为就发生我们身边，给我们的生活和生命造成了很大的威胁，你们希望类似的事情再次发生吗？

生：不想！

师：为了防止这些事情再次发生，我们必须行动起来！在猎人猎杀小动物这一情境中，我们找到了哪一种方法呀？

生：及时地劝告。

师：看起来同学们都记得很牢固，值得表扬。对待这些危险的行为，我们可以及时地劝告他们，但是怎么劝告才可以让那些人明白其中的危害，进而停止这些错误的行为呢？

【说明：语文是一门工具性和人文性相统一的学科，学生学到的知识最终都是要运用到生活实际中，因此本次调查研讨的主题立足于学生的生活实际，培养学生对日常生活给予更多的关注和观察，培养学生在日常生活实际中发现问题的能力。】

3. 小组讨论，分析问题

（继续板书，不戴口罩、闯红灯、乱扔垃圾、追逐打闹）

师：刚刚老师在黑板上列出了五个主题，同学们可以根据自己的兴趣自行选择组员组队进行讨论，商讨应该如何进行劝告？请同学们开动你们的小脑筋，仔细想一想。

（学生组队）

师：老师看到同学们已经组好了自己的小组，都找到了小组成员，希望你们接下来可以发挥团队合作的能力，共同解决问题。想要做到成功劝告他人，首先我们应该设身处地，假设我们自己就在做着这样一件危险的事情，在什么情况下你会选择放弃呢？

生：被警察叔叔带走。

师：回答得非常好，能够在那么短的时间内就得到了一种解决办法，看起来你平时很善于思考，希望你可以保持这种良好的习惯。刚刚那名同学的观点我们可以概括为：因为被惩罚了，所以他们不敢继续做那些违反规则的坏事了。例如说，其他人猎杀小动物被警察抓去判刑坐牢了；或者是和他一样闯红灯的人发生了车祸事件，等等，虽然我们找到了其中一个解决办法，但是还需要同学们仔细地组织自己劝告的言语，看看怎么解释给他们听才可以达到劝告的效果。

（学生叽叽喳喳讨论）

师：好了同学们，本节课已经接近尾声了，今天我们只是发现了问题，老师希望同学们回去以后可以运用互联网等渠道查阅资料，搜集信息，丰富自己劝告的"底蕴"。同时，老师要提醒一下各个小组，一定要做好分工，争取把每个人的优势发挥出来，擅长电脑的就去搜集信息，擅长语文就负责组织劝告的语言，等等，在今后的学习中你们会遇到更多需要团结合作才能解决的问题，希望同学们可以磨砺出默契。下课！

生：谢谢老师，老师再见。

【说明：在发现问题的基础上布置任务，让学生通过网络等多种手段查阅搜集资料信息，锻炼学生搜集信息的能力。根据不同的主题做出相应的分组，可以最大程度激发学生的兴趣，让学生全身心地投入问题分析中。】

4. 开展行动调研，解决问题

（规划3天时间给学生查阅资料，搜集信息）

师：经过这几天在网上查阅资料的时间，相信大家都有了一定的收获，老师想问一下，你们有没有信心成功劝告那些人？

生：有！

师：好，听到同学这么响亮地回答，我相信同学们都信心满满。但是现在老师又有一个问题了，我们之前举的例子中只是假设了个别人，个别人代表不了整体，不具有普遍性。老师的意思很简单，就是说我们现在调查的人太少了，如果把范围扩大到我们整个学校，进行单个人的采访调查太慢了，而且很耗费时间，开动你的小脑筋想一想，同学们觉得怎么样才可以全面且迅速地得到全校师生对这些事情的态度？

（学生思考）

师：老师再给你们一个提示，为了检测我们的学习情况，学校会定期进行考试，发放试卷让我们做，最后再统一回收就能够得到数据了。

生：我们可以通过问卷调查的方式。

师：非常好，请坐。××同学的思维敏捷，一下就把老师刚刚说的话总结出来了，值得我们大家学习。老师刚刚还没讲完，就有同学想出来了，没错就是通过问卷调查的方式，发放问卷让全校师生填写，我们就可以得到大部分对这些事情都是怎么样的态度。但是大家思考一下进行问卷调查时会遇到什么样的问题？

生：问卷的发放、回收、统计数据等。

师：说得很好，请坐。看起来大家已经开始拓宽思维思考问题了，值得表扬！因此各个小组在制作主题调查问卷时要充分考虑到以上我们提到的这些问题。并且老师建议你们在校园分发调查问卷时可以充分观察我们学校里面有没有发生我们讨论的那些事情，如果有的话，希望同学们可以把握好这次机会进行劝告。还可以采访校园中的学生和教师，进一步了解他们对这些事情的态度和看法。

师：这段时间老师已经知道大部分小组已经完成了调查问卷的回收，大家在整理数据时务必认真谨慎，希望大家都可以负责对待，不要让小组这么久的努力白费了。在这里，老师想给大家提一个要求，在进行成果汇报时老师希望可以看到不同形式的汇报，这是对你们小组最后的考验，希望在汇报那天可以看到不一样的你们。

师：老师想在这里提醒一下大家，虽然我们这次开展的是调查报告活动，但是这堂课仍然是语文课，同学们在汇报时要严格按照朗诵、说课的标准去严格要求自己！

【说明：发现、分析问题，最后再解决问题，搜集到的信息可以作为学生进行劝告的基础，为了去解决问题，还要开展行动进行调查。因此教师还要指导学生选择合适的调查形式，方便整理归纳调查结果。对于学生来说这是一次很新奇的体验，因此教师要给予适时的指导，引导学生在解决问题的过程中要做到团队协作，培养学生的合作精神。】

5.劝告成果展示，撰写简单的研究报告

师：经过了那么久的准备，今天我们终于可以进行成果汇报了。这段时间大家的努力和辛苦老师都看在眼里，为你们感到骄傲，老师也相信在这次的调查研究报告中同学们学到了很多东西。现在让我们开始汇报。

生 1：我们小组把劝告的过程和内容通过 PPT 的形式来向大家展示；

生 2：我们小组将通过视频的形式展示劝告过程。我们把劝告的内容做成了手抄报的形式，并且从小组中选出口才好的组员作为小小讲解员，根据手抄报的内容在校园内进行宣讲，向其他学生和教师指出了出门不戴口罩的危害和风险，其他组员则在周围派发宣讲单；

生 3：我们小组将通过表演话剧的形式，现场展示劝告的过程。通过投票和自荐的方式选出劝告人和被劝告人，下面开始我们的话剧表演。

师：看完大家的汇报，老师感触颇深。各个小组都创新了汇报形式，有 PPT 展示、视频展示还有现场表演展示，老师可以从中感受到大家对这次调查报告活动的认真和负责，希望大家以后可以继续保持这样的状态，大家都做得很棒！

布置任务：各小组根据调查结果和劝告成果展示，整理归纳搜集的

资料和结论，撰写出简单的研究报告。

研究报告

第一部分：

引言、概述；

项目背景与意义；

研究对象；

研究方法与角度；

第二部分：

研究内容及主要成果；

现状与问题；

探讨与认识；

分析与讨论；

第三部分：

结论与建议；

研究结论与说明；

建议与展望；

问题与对策。

【说明：让学生运用多种形式进行劝告的成果汇报，可以带给人更好、更直观形象地劝告，让人更容易信服。不同的汇报形式可以在小组间产生思维的碰撞，启发学生的思维，锻炼学生动手操作的能力。撰写简单的研究报告是对学生调查研究的一个总结，引导学生整理归纳研究过程中的资料信息，回忆研究过程中的点点滴滴，不管是困难还是收获都带给学生不一样的体验，促进学生的成长。】

6.反思改进

师：在大家的坚持和不懈努力下，我们这次开展的调查报告活动圆满结束，老师看到大家都在这次活动中倾注了心血，因此我们更需要开展反思改进活动来进一步提升自己，看看自己在那个地方做得还不够好：①汇报时仪容仪表、语速控制以及咬字发音等方面能否达到标准？②查阅资料时有没有通过多种渠道？能否理解查阅的资料？③有无明确的分工？任务安排是否合理有序？④开展活动的过程中有没有发挥团队合作的精神共同解决问题？⑤制作、发放以及回收调查问卷，统计问卷数据时能否做到细心谨慎？⑥有无进行小组讨论交流，经过思维碰撞得出结论？

师：同学们可以参照以上标准给自己以及他人评价，并写上评语，看看自己在哪些地方需要不断改进？哪些优势可以一直延续下去？并通过互评的方式帮助他人成长，共同努力。当然也可以自己增加评价标准，但是必须要得到同伴的认同。

师：相信大家经过反思改进以后对自己和小组成员有了更深的了解，希望大家在以后也可以共同成长，相互扶持，变得越来越好。

【说明：反思改进能够让学生反思自身在活动过程中的优缺点，在整个跨学科学习活动的过程中显得尤为重要。在活动结束后，教师要指导学生对活动过程搜集到的资料以及得出的结论进行整理归纳，并鼓励学生运用不同的形式和方式进行表达，锻炼学生梳理与表达、动手操作等能力。在反思总结时，要着重引导学生对活动过程中的体验、认识和收获进行思考。出于学生对跨学科学习活动认识较为浅薄的情况，因此在评价学生时，教师要秉持包容的态度，但是又要确保客观公正，且多引导学生发现自身以及团队其他人身上的闪光点，善于总结经验，吸取教训。】

7.评价设计

评价者多元化：自评（表4-13），互评（小组成员评价）与师评（表4-14）。

表4-13　自评表

姓名 项目	评价
在调查活动中你负责的任务是什么？	
活动过程中你持有什么态度去完成任务？	
你有准时完成小组分配的任务吗？	
在讨论过程中你是否有主动大胆地提出自己的想法？	
你通过什么途径完成你的任务？	
在活动中你是否帮助别人解决问题？	
你能否听取别人的意见？	
在这次活动中你学到了什么？在哪些方面得到了发展？	
你觉得自己哪些方面做得还不够好？	
你对本次小组调查活动感到满意吗？	

表4-14　小组互评表

编号	项目	成员1	成员2	成员3
		评价		
1	在大部分的时间里他（她）踊跃参与，表现积极			
2	他（她）能够主动提出自己的想法，和别人积极沟通交流			
3	他（她）的意见对我有很大的帮助			
4	他（她）经常鼓励、督促其他小组成员积极参与协作，共同完成任务			
5	他（她）能准时完成属于自己的那部分任务			
6	我对他（她）的表现满意，如果有机会还会和他（她）分配在一个小组			
7	他（她）对小组的贡献巨大			
8	对他（她）总体上是喜欢的			

创新终结性评价：用评语替换分数评定，评价的目的是让学生结合评价进行自我反思总结，最终达到改进调研方案的目的。

（四）实施要点

1. 探究主题要明确

通过音频引导学生联想场景，达到身临其境感受的效果，直接引出本次调查活动的主题，让学生明确本节课的探究主题，调动学生的参与度和积极性，激发学生调查研究的兴趣。

2. 驱动问题引思考

驱动性问题是引导学生思考的关键。在开展活动的过程中，笔者不断创设问题情境引导学生一步步展开思考，最终达到引出"劝告"主题的目的。并且立足学生生活实际，通过举例子来让学生发现问题。开展活动的每一个环节笔者都会适时引导学生思考："为什么要这样做？""要怎么样做？"在思考的过程中提升学生解决问题的能力。

3.合作交流出成果

合作交流是确保跨学科活动顺利开展的重要基础。每个人都有自己擅长的地方，笔者引导学生根据自身的优势所在进行合理分工，很好地发挥团队协作精神。并让他们小组内部自行组织劝告的内容"怎么劝告才可以使别人认同你的观点？"，使学生懂得合作交流才可以得出成果。

4.反思总结促发展

不断的反思可以更好地促进跨学科活动的开展。引导学生反思自己在每一个环节的表现，根据评价保准通过自评、互评等方式，能够帮助学生进一步地认识自己，不管是自己的优点还是缺点。通过反思改进活动发扬优点，改掉缺点，并进一步完善活动方案，这就是开展反思改进活动的最终目的。

第三节 小学语文高年级跨学科学习活动的设计案例

经过第一、第二学段的学习与积累，小学高年级学生的学习品质有了很大的提升，学生的自我管理能力、抗挫能力、想象与创造能力、确立目标与执行力等，都在不同程度上比中低学段的时候有所增进[①]。因而，小学高年级阶段的跨学科学习活动，应充分考虑学生的心理特点，加强课内与课外、校内与校外的紧密联系，围绕学科学习、社会生活等多方面搭建学生自主探究的空间与平台，引导学生在合作、交流、开放、互助的学习氛围之中，促进学生积极、自主地运用语言文字，养成良好的语用自觉与学习习惯，提高语言文字运用能力。

基于此，笔者从小学高年级学生的学情出发，设计了两个基于语言文字运用与发展的跨学科学习活动案例。第一个案例"小小红星向走"的主题汇演活动，贯通了语文、艺术、革命历史三个学科，旨在引导学生在欣赏经典的艺术、获得审美体验的同时，感受革命文化的魅力，并在创作与汇演的过程之中灵活运用语言文字进行创作与表达，在收获的喜悦之中提升言语运用的能力。第二个是"畅想未来"的习作活动，该

---

① 许颖.小学高年级学生语文学习品质的现状及培养策略研究 [D].长春：吉林外国语大学，2021：54.

活动结合了航空航天历史、影视赏析三个学科，立足于高年级学生学情，充分调动学生的感官，引导学生研究、了解中国的航空航天历史，发自内心地对崇高的航天精神敬佩，并敢于放飞自己的想象，并将这些想象落到文字上，发展学生的言语表达能力。

《义务教育语文课程标准（2022）年版》中对于跨学科学习活动的教学提示指出，要发挥跨学科学习的育人功能，提升学生的沟通交流、团队协作能力，采用多元、多形式的评价机制。秉着继承新课标的教学理念，进一步巩固学生主体地位，案例为学生创设了大量自主探索、自我教育的空间，大部分活动以团队合作的形式开展，评价方式以激励、反馈为主要目的，兼顾评价主体的多元化，以期落实新课标的具体要求。

一、"小小红星向党走"主题汇演

（一）背景设计

1. 课程标准分析

《义务教育语文课程标准（2022）》将"革命文化"作为三大主流文化之一，强调了革命文化的育人作用，突出了革命文化在语文跨学科学习活动之中的重要作用。

可见，引导小学高年学生了解革命故事，感受革命情怀，敬仰革命精神，为学生树立伟大的榜样，是小学高年级语文跨学科学习活动的重要内容。这是激励学生努力学习，启发学生爱国情怀，根植民族意识的重要抓手。

2. 学情分析

小学高年级学生已经学习和积累了一定的革命文化知识，有一定的革命文化情感体验的基础。例如，在统编语文教材中，小学一至三年级就编排了许多相关的课文：一年级下册《吃水不忘挖井人》；二年级上册《朱德的扁担》《难忘的泼水节》；二年级下册《邓小平爷爷植树》《雷锋叔叔，你在哪里》；三年级上册《不懂就要问》《灰雀》《手术台就是阵地》；三年级下册《我不能失信》等单篇课文。

从四年级开始，革命题材的内容在课文中的占比逐步上升，从五年级开始便安排了革命文化主题单元。如五年级下册第四单元人文主题是"责任与担当"，单元导语是林则徐的名言"苟利国家生死以，岂因祸福避趋之"。课文选编了三首爱国的古诗《从军行》《秋夜将晓出篱门迎凉有感》《闻官军收河南河北》及三篇课文《军神》《青山处处埋忠骨》《清贫》，这样的编排意识非常明显：重在增强学生的责任意识，引导学生勇于担当。

六年级上册第二单元"重温革命岁月"单元，导语用"重温革命岁月，把历史的声音留在心里"，提醒学生不忘历史，牢记使命；选编了《七律·长征》《狼牙山五壮士》《开国大典》《灯光》四篇经典课文。六年级下册第四单元"志向与心愿"单元，导语用文天祥的名言"人生自古谁无死，留取丹心照汗青"，激发学生的爱国热情；课文选编了表达诗人崇高志向的三首古诗及体现革命先烈英雄事迹的课文《十六年前的回忆》《为人民服务》《金色的鱼钩》等。同时，在阅读连接、主题实践活动等板块也引入了大量的革命文化内容。

另外，小学高年级学生相对于中低学段的学生有着相对成熟的认知，在自主学习、探究学习、合作学习方面也积累了一定的方法与经验，结合语文、革命历史与音乐等学科，有助于引导高年级学生学习革命历史，致力于革命文化的传扬、学习革命先烈的精神。

（二）目标设计

基于《义务教育语文课程标准（2022年版）》中对于小学语文跨学科学习的具体要求，本次的设计立足于提升语文学科的学习，融合多种艺术形式、革命历史两个学科的内容。

红星代表着少先队员，凝聚了革命情怀与育人元素，革命歌曲《打靶归来》节奏明快，是饱含热烈情感、节奏明快的歌曲。本次活动时值党的二十大到来的前夕，笔者以典型的革命歌曲《打靶归来》为基础，引导学生以自己喜欢的方式进行"二创"，从而推动学生对革命故事、革命历史产生兴趣，进一步自主地去了解革命历史，学习革命先烈质朴、感人的情怀。

1. 知识与能力目标

能自主学习相关的革命历史知识，选用恰当的言语方式进行"二创"。能有效与小组进行合作交流，学会自评与他评。

2.过程与方法目标

通过朗读和跟唱《打靶归来》，感悟革命歌曲里的热烈情感，对革命故事产生兴趣；通过小组交流合作，多渠道收集革命信息，学会自主学习、合作学习；通过"二创"的形式，提高语言文字运用能力。

3.情感与态度目标

借助艺术、革命历史两个学科，进一步了解学习革命历史，体悟革命精神，根植民族精神与国家意识。

（三）活动设计

1.诗歌入情，朗读入境

师：同学们，你们喜欢听红歌吗？其实呀，每一首歌颂党组织的红歌背后，都有着一个有趣又感人的故事呢！不信？咱们先来读一读这一首小诗，体会一下！

（学生朗诵诗歌）

打靶归来

牛宝源

日落西山红霞飞，战士打靶把营归。

胸前红花映彩霞，清脆歌声满天飞。

师：同学们，请都来说一说，读完了诗，你有什么感受？

生1：从小诗中，我好像看到了小战士们精神抖擞，高高兴兴地唱着歌回营地的样子。

生2：这首小诗节奏感很强，读起来朗朗上口，好像真的听到了战士们迈着整齐的步伐的声音。

生3：我来说我来说，我知道这首小诗，后来被改编成了歌曲，我奶奶给我唱过！

……

师：同学们说得真好，这首小诗，节奏明快，精神昂扬，读起来真让人喜欢！刚刚有位同学说，这首小诗被改编成了歌曲，是的！接下来我们就一起欣赏一下名家演唱的《打靶归来》，请同学们仔细听！

【说明：通过谈话设置悬念，引导学生的好奇心和求知欲，接着引导学生读一首喜闻乐见的小诗《打靶归来》，焕发学生的情感，激发学

生的兴趣，引导学生投入课堂。】

2.播放音乐，学生赏析

（播放《打靶归来》的名家演唱曲目）

师：我刚刚看到同学们都听得津津有味，甚至有的同学都小声地跟着哼了起来，看来大家都迫不及待想要一起唱一唱这首歌了呢！来，同学们，我们就一起来唱一唱！

3.跟唱歌曲，感悟情感

出示《打靶归来》的简谱，引导学生学会该曲目。

打 靶 归 来

【说明：通过欣赏、跟唱这首歌曲，既能让课堂的气氛变得火热，增加学生的参与感，也能引导学生充分运用多种感官协作来感受这首小诗，加深学生对于这首小诗的理解，为接下来的教学环节作铺垫。】

4. 出示资料，深入了解

师：同学们唱得真好！其实呀，这首红歌的背后，还有一个有趣的小故事呢，请同学们看资料片段！

《打靶归来》创作背后的故事①

孟　红

《打靶归来》这首歌在军内外传唱了半个多世纪，那熟悉的旋律至今仍令人难以忘怀。这首经典之作的创作背后又有着什么样的故事？

这首歌的词作者牛宝源，当时是一名只有小学文化、年仅20岁的坦克兵。1959年3月，驻守大连的中国人民解放军第一机械化师坦克团的战二牛宝源所在团队，来到大连滨海一个叫黄龙尾的地方进行实弹射击训练。经过一连几个月的射击训练，牛宝源打靶水平出类拔萃，多次打出5发子弹48环的优异成绩。一天傍晚，牛宝源和往常一样在营区内寻找着艺术创作灵感。不知不觉走近了靶场，他突然听到一阵整齐响亮的歌声："我是一个兵，来自老百姓……"原来，正有一队战士扛着枪，拿着靶牌，胸前戴着大红花，精神抖擞地迈步行走在夕阳下，一个个脸上洋溢着青春欢快的笑容。刹那间，这动人的场景引发了牛宝源的创作灵感，一个念头在他脑海中闪现了：自己不如试着写一首这样的歌。当即写下四句小诗："日落西山红霞飞，战士打靶把营归，胸前红花映彩霞，

① 孟红.《打靶归来》创作背后的故事 [J]. 党史文苑，2018（08）：45-47.

清脆的枪声满天飞。"随后，他将这首小诗寄给了沈阳军区政治部主编的文艺刊物《部队文艺创作选》，很快就被刊载了出来。

这首清新隽永的小诗发表之后，引起了另一位部队词曲作者的兴趣，他就是后来《打靶归来》的曲作者王永泉。

王永泉对小诗进行研究，修改了有悖"常识"的地方，使其更适合歌曲的演唱格式及韵调，王永泉又觉得这四句小诗内容显得有些单薄，便又乘兴提笔琢磨着增写创作了相应风格的两段歌词："歌声飞到家乡去，父老们听了笑眯眯，人人夸来人人讲，说他们子弟有出息。歌声飞到北京去，毛主席听了心欢喜，夸咱们歌儿唱得好，夸咱们枪法数第一。"这段歌词充满超凡的想象力和革命浪漫主义情怀，同时也弥补了第一段歌词的先天不足。

最后，王永泉使用他熟悉的陕北民间曲调，再结合军营进行曲的某些格调给这首诗谱了曲，并在谱曲时增加了"咪索啦咪索"以及"一、二、三、四"等充分表现打靶取得优秀成绩的战士们自豪喜悦心情的语气词和口令声。他的妙笔生花、锦上添花，使这首歌曲愈发熠熠生辉。（有删改）

【说明：通过背景资料，丰富学生对《打靶归来》这个故事背后的生动的小故事，引导学生深入了解《打靶归来》，并进一步对革命文艺作品以及背后的小故事产生兴趣。】

5. 明确任务，自主探究

师：同学们，正是由于牛宝源对于营地生活的细心留意，才有了我们刚刚念的那首动人的小诗，也正是由于王永泉的完善和谱曲，我们才有了这样欢快动听的红歌。同学们，你们还知道哪些表达革命的艺术作品吗？

生1：我还知道《我是一个兵》《咱当兵的人》这些歌曲。

生2：我之前还看过《小兵张嘎》的电视剧！

生3：我还看过关于革命小英雄的故事，例如《王二小》。

……

师：看来同学们知道得不少呢！同学们不妨试着找找自己感兴趣的革命艺术作品，找一首革命小诗诵一诵，或找一本革命故事的书来读一读，了解这些革命艺术作品的背后的小故事，以小组合作的方式，尝试着进行二次创作。二创的形式可以是围绕着该革命历史编写诗歌、编排诗歌朗诵；也可以是围绕着相关的革命历史进行创编小的话剧；有特别才艺的同学还可以展示乐器演奏、多重演唱等二创形式，下一次班会，咱们班就来开一个"小小红星向党走"主题汇演活动！看看哪个小组的节目最精彩！

【说明：通过前面诗歌朗诵、歌曲学唱、背景了解，引导学生产生学习兴趣和深入了解《打靶归来》后，给学生一个明确的任务进行驱动，根据高年级学生的性格、兴趣、能力特点，给学生自主选择和探究的空间。】

6. 制订计划，进行实践

（1）填写计划表（表 4-15），进行安排。

表 4-15　"小小红星向党走"主题汇演计划表

在对应的二创形式前打 √：□ 诗歌 □ 话剧 □ 乐器演奏 □ 演唱 □ 其他 _____				
时间安排	（）月（）日—（）月（）日	（）月（）日—（）月（）日	（）月（）日—（）月（）日	（）月（）日—（）月（）日	（）月（）日—（）月（）日
查阅相关资料	任务分工：	任务分工：	任务分工：	任务分工：	任务分工：
学习相关内容					
进行二创					
安排排练					
其他补充					

（2）活动后期，结果呈现。

学生在教师的领导下布置场地 → 主持人开场 → 学生按序进行汇演 → 评委根据情况打分，从而选出"最优小红星"小组。

【说明：通过一个具体的表格，为学生搭建合作分工的支架，从而引导学生学会正确地进行合作学习、自主学习，提高小组学习的效率；活动的后期进行则是学生成果的评价与反馈。】

7. 评价设计

（1）组员评估（表 4-16）。

表4-16 "小小红星向党走"主题汇演组员评估表

姓名	活动评价			综合打分	组员签名
	资料收集	过程参与	汇报活动		
优秀小组成员推荐					
组员姓名	推荐理由：				
				签名：_____	

（2）自我评估（表4-17）。

表4-17 "小小红星向党走"主题汇演自我评估表

姓名	
活动中你完成的任务是	
你搜集信息的方式是	
你在小组中的贡献是	
请写出你的活动反思	

（3）教师评价（表4-18）。

表4-18 "小小红星向党走"主题汇演教师评估表

组别：	综合打分
负责的课题内容是否制定了具体的方案，是否有详实的活动记录	
课题组活动资料及成果展示是否体现了革命精神	
评语：	
签名：_____	

【说明：教学评价既有渗透方法的功能，又有激励调节的功能。本案例的教学评价包括了互评、自评、师评，引导学生在综合各方面的评价，

更为客观地看待自己的优缺点，进一步树立良好的竞争与合作意识。】

（四）实施要点

1.探究主题要明确

主题是跨学科学习活动的核心和学习目标的凝聚点，本次活动的主题是"小小红星向党走"主题汇演活动，旨在引导学生感受革命先烈的精神，学习相关知识，在"二创"的过程之中提升语言文字运用能力。

在活动进行的过程以及活动的评价之中，教师应充分运用革命题材，以激发学生的学习兴趣，牢记提升学生语言文字运用和引导学生学习相关精神才是本活动的重点，不能简单地将教学环节按部就班地走完，更不能仅仅停留在学生的"二创"形式，使之成为简单的"歌舞表演"活动。

2.驱动问题引思考

本次活动应当充分引导学生思考以下几个问题：《打靶归来》体现了怎么样的革命情怀？还能通过哪些渠道了解那些先进革命人物？能用什么样的表达形式来呈现？

这些问题的深入探究和解决，指向的是本次活动的教学目标的落实，也是学生能力的生长点。

3.合作交流出成果

由于小学高年级学生已经具备了基本的自主学习的能力，因而，这次的活动的学习主动权几乎交还给了学生。但是，我们还应该考虑到，小学生的个人学习能力是有限的，因此，还应当充分引导学生在学会自主学习的过程之中，学会交流、学会合作，在合作学习中与伙伴共同进步。为了进一步提高合作的效率，本次活动应当注意两个基本点：

任务落实到个人，保证每一位学生都有机会参与学习，在合作学习的过程之中感受团队的力量，从而培养合作精神。

第二，具体任务分工要明确，尽量按照兴趣、特长分工。这样，既能考虑到每一位学生的特性，也能保证学生的学习兴趣，发扬学生的长处。

4.反思总结促发展

反思和总结是学生能否有所进步的关键一环，然而，小学生的反思能力是有限的，倘若让学生完全自主地进行反思，那么学生的反思很可能停留在浅层、表面的，也有可能反思不到重点。

因此，教师应当引导学生借助对比自评表与互评表进行反思与总结，自评表能帮助学生回顾活动的整个过程，做到"自省"，而互评表能让学生学会看到别人的长处和短处，以此为参照，促进相互的成长。

二、"畅想未来"习作活动

（一）背景设计

1.课标分析

《义务教育语文课程标准（2022）》中对于小学第三学段的跨学科学习内容的要求有："……选取衣食住行、学校、地球、太空等某个方面，设计人工智能时代的未来生活，运用多样形式丰富自己的语言表达，呈现与分享奇思妙想"。这一内容指向学生的综合素质的发展，指向于学生想象能力与思维水平的提高。因而，本次设计活动是基于对科技与未来的畅想而展开的。

2.学情分析

学生在中低年级已经接触了不少科普类短文，对于宽广的世界的神奇与奥妙有了一定的认识，通过科普文，学生能够获得热爱科学、大自然的情感体验，同时能极好地拓宽学生视野，陶冶学生情操，自主探究的功能。学生四年级的时候已然学习过一篇关于航空航天的科普文《千年梦圆在今朝》。

中国梦，航天梦。航天科技的发展撑起了中国的脊梁，科技日益飞速发展的今天航天教育也越来越受重视。通过学生对航空航天的了解，能更好地激发求知欲和想象力，培养学生爱国情怀，社会责任感，创新精神和实践能力。

中国人对于太空的探索随着神舟十五号的发射更进一步，相关的优秀影视作品层出不穷，"畅想未来"的习作活动旨在引导学生通过优秀影视作品——《流浪地球》激发兴趣，从而激发学生对未来中国太空科技的想象，在学习相关知识、观摩相关影片的过程之中获得想象能力的提升，在写作的实践之中锻炼学生习作能力。

（二）目标设计

学生的想象力的激发，是基于对特定事物的兴趣而生发的，学生想象力的品质，则离不开学生对于特定事物的了解程度。中国的航空航天，既包含了中国人对太空、宇宙无穷无尽的探索，也蕴含了深刻的航空航天精神，因而，航空航天题材拥有丰富的育人价值。

然而，考虑到不同地区的教育资源分布并不均衡，倘若仅仅追求让学生到展览馆观察、或动手操作具体的模型来达到引导学生了解航空航天，就会让本次的教学设计有了局限，不适用于教学资源匮乏的地区。综合各方面的因素，本次设计基于学生语文能力的生长，与航空航天、电影赏析、习作表达相结合，旨在引导学生发展想象力，提高言语运用能力。

1. 知识与能力目标

了解相关的航空航天知识，学会基于现实科学知识进行合理的想象。

2. 过程与方法

通过观看航空航天的相关影片，了解航空航天的发展现状；观看以太空、航天为题材的作品，小组合作交流，展开想象，并以作文的方式写下来。

3. 情感与态度目标

通过相关影视与作品，引发学生对航空航天的好奇与兴趣，发展学生的想象力与对中国航空航天的自豪感。

（三）活动设计

1. 谈话导入，引出主题

师：同学们，你们知道吗？其实从古代开始，人们就对天空充满的向往，因此，咱们古代有许许多多的关于飞天的小故事，有谁能说一两个吗？

生1：嫦娥奔月。

生2：女娲补天。

……

师：没错！这些有趣又奇幻的神话故事，凝聚了的是中国人对于太空、宇宙无穷无尽的向往和想象。中国历史上第一位敢于飞天的人，叫万户，他用火箭捆在椅子上，手拿两只大风筝，打开了飞天梦的大门。而今天的中国人，就真的，把这个梦想给实现了，咱们一起来看大屏幕的时事链接。

【说明：以学生耳熟能详的神话故事为抓手，引导学生感受古人对于天空的无限向往之情，再以学生已经读过的课文内容《千年梦圆在今朝》作为故事，引导学生感悟中国人对于探索太空的无限热忱，从而引导学生快速地进入课程内容。】

2. 介绍时事，引起话题

时事链接：2022 年 4 月 17 日，中国载人航天工程航天员系统总设计师、中国航天员科研训练中心研究员黄伟芬介绍，按照空间站建造阶段的任务安排，执行 2 次载人飞行任务的航天员乘组已经选定。神舟十五号乘组将在轨飞行 6 个月，将首次实现在轨乘组轮换，实现不间断有人驻留。两个乘组 6 名航天员将共同在轨驻留 5 ~ 10 天，航天员系统将面临更加严峻的挑战。

师：同学们，你们对于中国航空航天了解多少呢？有没有同学愿意分享一下？

生 1：老师老师，我知道，中国的第一颗人造地球卫星叫"东方红一号"。

生 2：老师，我还知道，中国目前已经建成了酒泉、西昌、太原和文昌四个航天器发射场。

生 3：老师，我查阅资料发现，第一位飞向太空的中国人是杨利伟。

……

【说明：以时事作为抓手，既能培养学生关注国家大事的责任意识，又能为学生补充必要的航空航天知识，通过讨论和分享，唤起学生的学习兴趣，拓宽学生的知识面。】

3. 播放视频，点燃激情

师：同学们说得都很对！看来呀，大家对航空很感兴趣嘛！那我们就一起来重温火箭向太空出发的时候激动人心的场景！请同学们看大屏幕！

（播放相关视频）

观看完这个视频短片，你们都有什么感受吗？一起来分享一下吧！

生 1：我为自己是一个中国人而感到非常的自豪！

生 2：我对外太空的世界更向往了，很想也到宇宙中去走一走！

……

师：是呀，宇宙宽广又神秘，谁不想去一探究竟呢！

【说明：视频最大的优势在于直观、快速地为学生传达信息，为学生建立了可观、可听、可感的具体情景，引导学从火箭冲天的动人画面之中感受民族自豪感，为接下来的教学环节作铺垫。】

师：虽然我们的身体无法真正穿越星际去一探究竟，但是我却可以放飞我们的想象，用我们丰富的想象力，去感知宇宙可能存在哪些神秘又奇特的景象！下面，我们就一起来放飞想象，看看关于宇宙的科幻电影《流浪地球》，请同学们边看，边完成手里的记录表。

[播放影片《流浪地球》，学生观影，在观影过程之中借助表格体悟（表4-19）。]

表 4-19 "畅想未来"观影心得表格

姓名	电影里有哪些奇特的想象？	你能在现实中找到这些大胆想象的科学依据吗？
1.		
2.		
3.		
4.		
5.		

师：同学们刚刚看到的是改编自作家刘慈欣的小说《流浪地球》的电影，影片中有许许多多大胆的、甚至说不可思议的想象，但这些想象不是凭空捏造的，而是有一定的科学依据的，有没有哪一位同学想尝试分享一下呢？

生 1：看完了这个短片，我感觉到很震撼，很佩服作者的想象力。查过资料后我发现，影片之中的"地球发动机"的原理是利用了地球的自转、公转的科学知识。

生 2：短片之中出现的防护服和宇航员到太空上的时候穿得很像，我猜作者一定是以宇航员的航空服装作为原型的。

……

师：同学们说得真好！看来，艺术真可谓来源于生活又高于生活呀！

【说明：以学生喜爱的电影引导学生关注想象与科学实际的联系，在感受中国航空航天发展的壮丽的同时敢于想象，发散思维，为接下来的教学环节作铺垫。】

4. 出示习作，搭扶手架

师：我想，大家一定也一样，对太空有许许多多的想象吧！我们先来看看一位小作者是怎么发挥大胆的想象的！

太空悬梯之旅 ①

3020 年 8 月 1 日，这是假期的第一天，明明一家起了个大早，今天他们要回地球探望爷爷奶奶。

十年前，明明的爸爸妈妈移居土地富饶、空气清新的 M 星球，明明就诞生于这个"理想王国"。可是，爷爷奶奶因为留恋故乡，不愿离开地球。明明多想见到爷爷奶奶呀！

明明一家匆匆赶往太空悬梯总站，这里是前往各大星球的交通枢纽。整洁的大厅里，各式各样的智能机器人有条不紊地工作着，有的在清洁地面，有的在给旅客引路，有的在进行安全检查……

明明一家登上通往地球的一号太空悬梯。"砰！"随着一声巨响，悬梯缓缓启动。5 秒之后，它开始加速，进入太空隧道，如一支利箭射向前方。

第一次乘坐太空悬梯的明明既紧张又兴奋。他四处张望，透过小窗瞭望外面辽阔的星海。在深蓝的背景下，无数颗星星好像闪动的光点，似乎触手可及，又似乎远在天涯。

"爸爸，外面这些星星会不会撞到太空悬梯呀？"明明忽然担心起来。

"放心吧，太空悬梯建造时经过精确计算，避开了所有星星的运行轨道。"

"那太空垃圾呢？它们在太空里可是任意漂流的！""别担心，太空悬梯外面有防撞击的坚固材料保护。"爸爸摸摸明明的头，继续说，"太空护卫队也会及时把太空垃圾清理掉，不让它们靠近悬梯。"

听爸爸这么一说，明明那颗悬着的心终于落了地，他尽情地欣赏着太空美景。

一个小时后，太空悬梯抵达中转站。趁着中途休息的时候，爸爸带明明参观了太空基地。基地主要由十几颗人造卫星组成，里面有几座工

---

① 刘健宸 . 太空悬梯之旅 [J]. 科学启蒙，2020（08）：46.

厂，有的在培育太空蔬菜，有的忙着组装各种太空仪器，还有的在吸收和储存太空能量，运输到各个星球……紧挨着工厂的是一座实验室，实验室中琳琅满目的探测仪器夜以继日地工作，探索着宇宙的奥秘。基地边缘耸立着一座信号塔，塔中的机器人忙着接收数量庞大的跨星球信息，并将它们转送至各个星球。

15分钟后，明明一家返回一号太空悬梯，继续赶往地球。在离地球3万千米的高空，他们看到了一座监测站。

"那是什么？"明明指着那座造型奇特的尖塔问。

"那是雾霾监测站，它能迅速找出有雾霾的地方，然后投放'雾霾驱散弹'，将雾霾都清理掉。"爸爸耐心地向明明介绍。

"看，地球！"不知不觉间，地球映入眼帘。只见一颗蓝色星球宛如璀璨的明珠闪耀在茫茫太空中，神秘而又亲切。明明回过头，发现爸爸妈妈的眼里流动着星光。

"叮咚——地球站到了！"在温柔的电子提示音中，明明一家急不可耐地跨下太空悬梯，迎面是爷爷奶奶灿烂的笑容……

师：同学们，这位小作者在科学的范围内，对太空进行了的想象大胆的探索，你们也一定跃跃欲试，想要用文字来畅游太空了吧！那么，就请同学们以小组为单位，以航空航天为题材，展开想象，合作交流，把自己的想象写下来，下节课，我们一起来交流，看谁是咱们班的想象小能手！

【说明：以优秀习作作为扶手架，进一步引导学生明晰习作的方向；以小组合作交流的方式，激发学生思维的碰撞，引导学生表达与交流，并在表达与交流的过程之中吸纳、优化自己的习作。】

5. 评价设计

（1）组员评估（表4-20）。

表4-20　"畅想未来"习作活动组员评估表

姓名	活动评价		给组员的建议	组员签名
	习作中想象运用奇特与否	想象与现实科学是否有联系		
	☆☆☆☆☆	☆☆☆☆☆		
	☆☆☆☆☆	☆☆☆☆☆		

续表

	★★★★★	★★★★★		
优秀小组成员推荐				
组员姓名	推荐理由： 签名：_____			

（2）自我评估（表4-21）。

表4-21 "畅想未来"习作活动自我评估表

姓名	
习作活动中，令你对自己较为满意是?	
你从哪儿搜集的信息?	
你为小组提出什么建议?	
你帮助谁解决什么问题?	
活动中你学到了什么?	
本次活动中的还能在哪些地方有进步?	

【说明：习作的提升不仅仅在于教师的指点，还在于学生自己对于自己的反思，以学生之间的相互交流合作，思维碰撞。通过组员之间相互点评习作、学生自我评估习作，能进一步引导学生全面地了解自己，取长补短。】

（四）实施要点

1.探究主题要明确

本次活动的主题是"畅想未来"习作活动，重点在于引导学生对航空航天产生积极的兴趣和态度，通过相关的影视作品积累相关知识，从而培养想象能力，并运用特殊的语言形式——习作来进行表达。

本次活动的重点既在于观看航空航天相关影片，培养学生的想象力，也在习作这一特殊的语言表达形式上，因而，学生在进行资料收集和整理、观看相关影片，培养想象力与学习撰写习作的过程，应步步落实，而不能仅仅停留在观看影片——写心得，这一简单的流程，使之变成简单的习作课。

2.驱动问题引思考

本次活动应当充分引导学生思考以下几个问题：通过相关资料与影视，我国航空航天的发展历程是怎么样的？我国现代航空航天的发展高度怎么样？未来还可能有哪些发展？这些问题的深入探究和解决，指向的是本次活动的教学目标的落实，也是学生能力的生长点。

3 合作交流出成果

两个苹果相互交换，只能收获一个苹果，而两个想法相互交换，却能收获两个想法。学生个人的想象能力是有限的，而设置分享习作活动的环节，则是旨在给学生搭建一个倾听他人想法的平台，在交流和讨论的过程之中，碰撞出新的思考火花。

4.反思总结促发展

反思和总结是学生能否有所进步的关键一环，然而，小学生的反思能力是有限的，倘若让学生完全自主地进行反思，那么学生的反思很可能停留在浅层、表面的，也有可能反思不到重点。

因此，教师应当引导学生借助对比自评表与互评表进行反思与总结，自评表能帮助学生回顾活动的整个过程，做到"自省"，而互评表能让学生学会看到别人的长处和短处，以此为参照，促进相互的成长。

第五章　小学数学跨学科学习活动的设计案例

第一节　小学数学主题式跨学科学习活动的设计案例

　　随着 21 世纪信息化、全球化、国际化的迅速发展，经济社会发展对人才素质的需求发生了巨大变化，所需人才需要更加具有综合能力，而综合性人才的培养始于基础教育，数学作为基础教育的一门重要学科，所发挥的作用越来越不可言喻。《义务教育数学课程标准（2022 年版）》强调了人才培养的方法，提出要注重加强课程综合与联系，并明确指出开展跨学科主题教学，围绕发展学生核心素养，精选和设计课程内容，各门课程用不少于 10% 的课时设置"跨学科主题学习"活动，目的在于强化课程协同育人功能。作为一切理科学科的基础——数学，要如何进行跨学科的主题学习呢？如何在现实的教育教学中设计跨学科主题学习？解决如何设计数学主题式跨学科学习活动，将抽象的变成具体的，与现实生活结合起来是问题的关键，本章将从设计的理念、设计要领及设计案例等三个方面展开。

　　基于此，笔者设计了小学数学主题式跨学科学习活动——《时间在哪里》。本案例以数学学科为主，将数学与语文、音乐、美术、科学等学科进行融合，打破了学科教学的界限。本案例注重体现《关于全面深化课程改革落实立德树人根本任务的意见》，把全面落实立德树人作为育人的培养目标；注重对学习者进行正确的价值观培养，促进学习者成为社会发展需要的复合型人才。

一、背景设计

（一）课程标准分析

本部分内容隶属于综合与实践板块，课程标准对本课的要求为认识时分秒，能说出钟面上的时间；了解时、分、秒之间的关系，能结合生活经验体会时间的长短；能将生活中的事件与时间建立联系，感悟时间与过程之间的关系；形成对时间长短的量感，懂得遵守时间的重要性[①]。

（二）教材分析

本案例《时间在哪里》主题，在课程标准中对学习的目标做出了明确的要求，本案例的编写主要围绕学生现有的知识水平，进行系统的教学，所选用的教材内容有人教版小学数学二年级上册的《认识时间》与人教版小学数学三年级上册的《时、分、秒》部分内容；通过主题式的教学，达到培养人的目的。学生在学习人教版小学数学二年级上册《认识时间》90～96页，在此之前一年级上册学习了《认识钟表》，之后还会学习三年级上册《时、分、秒》设计到更多的时间运算问题，本课教学内容的综合选用将起到承上启下的作用，在学生能接受的知识范围内达到更佳的育人效果。通过数一数，填一填，拨一拨等教学活动，知道1小时=60分，1分=60秒，掌握时、分、秒之间的关系。

（三）学情分析

学生在一年级上册初步学习了《认识钟表》，在语文学科的教学中，学习了《一分钟》等与时间有关的课文；道德与法治课程要求学生在一年级入学的第一个学期学会制作时间计划表。因此，本案例内容的教学是建立在学生已经初步认识整时的基础上，进一步学习时、分、秒的有关知识。由于学生还处在低年级，抽象逻辑能力还处在初步发展的阶段，在教学中需要教师尽可能地联系学生的真实生活，建立真实的问题情境，进行几何直观的教学，让学生的观察、操作中对知识有个主动建构的过程；使抽象的时间观念变成学生看得见，摸得着的东西，感受到时间与生活的密切联系。

---

① 中华人民共和国教育部 . 义务教育数学课程标准：2022 年版 [M]. 北京：北京师范大学出版社，2022：15.

二、目标设计

教学目标的设定不仅体现教师对课堂教学的规划、教师对学生的知识水平的掌握是否准确，在展开教学过程中是否可以建立在学生的现有知识水平上，进行全面的提高的设想，同时课程的教学目标是检验教学效果的有效途径之一，在课堂结束后与课前所设定的教学目标进行对比，判断目标设定的合理性，以及帮助教师反思教学的质量，促进教师的专业发展。

根据《义务教育数学课程标准（2022 年版）》对本课教学内容《时间在哪里》的教学要求为认识时、分、秒，能说出钟面上的时间；了解时、分、秒之间的关系，能结合生活经验体会时间的长短；能将生活中的事件与时间建立联系，感悟时间与过程之间的关系；形成对时间长短的量感，懂得遵守时间的重要性要求，以及现阶段学生年龄特征以及认知发展规律，现将本课的教学内容划分为三个教学学时，分别为《认识时间》《时间的影子》《我是时间画手》，并设定本案例不同课时的教学目标如下：

（一）第一课时目标

（1）会读钟面时间，能够正确书写时间，知道时、分、秒之间的关系。

（2）小组合作探究，说一说、拨一拨、写一写等活动巩固时分秒的认识。

（3）通过探究，感受数学来源于生活而应用于生活，发展学生对时间长短的量感。

（二）第二课时目标

（1）能够使用普通话准确而流利地分享自己的发现。

（2）学会收集并记录时间，制定一份生活学习规划表。

（3）体会时间的影子无处不在，懂得充分利用时间。

（三）第三课时目标

（1）能听懂《时间都去哪儿了》歌曲的含义，懂得欣赏。

（2）能够把自己的一天用绘图的形式记录下来，并标上具体的时间。

（3）体会时间的短暂与宝贵，学会好好珍惜时间、学会感恩。

三、活动设计

（一）第一课时：认识时间

1. 教学目标

（1）会读钟面时间，能够正确书写时间，知道时、分、秒之间的关系。

（2）小组合作探究，说一说、拨一拨、写一写等活动巩固时、分、秒的认识。

（3）通过探究，感受数学来源于生活而应用于生活，发展学生对时间长短的量感。

2. 教学重点

会读钟面时间，知道时分秒之间的关系，1 时 =60 分、1 分 =60 秒，能够感性认知时间的长短。

3. 教学难点

能够感性认识时间的长短。

4. 教具学具

钟表若干、教学课件。

5. 教学过程

（1）创设情境，引起兴趣。

（情境：伴随着上课铃声的安静，往日都会提前三两分钟就到课室的数学老师，结果今天铃声都响完了还没有出现，这可是少有的事情，时间一秒一秒过去了，终于，数学老师出现了。）

师：老师刚刚在跟其他老师讨论个事，结果耽误了时间，老师在这先跟同学们说声对不起，老师今天没有按时出现。有哪位同学知道老师迟到了多久吗？

生：我猜不到一分钟，因为铃声过去没多久。

生：也就十几秒吧。

师：你是怎么知道十几秒的？

生：因为不到一分钟，我刚刚观察到闹钟那针没走几步。

【设计意图：教师通过"迟到"十多秒钟，导入新课，不仅可以快速引起学生的注意，还可以在其中让学生认识到守时的重要性。】

（2）探究新知，拓展学习。

师：是这样吗，我们今天一起探究学习相关的知识内容，把这个问题解决。我们以前学过哪些与时间相关的知识呢？大家会不会读钟面上的时间呢？请同学们拿出老师给大家发的钟面学具，跟你的同桌说一说你对钟面有哪些认识。

（讨论时间，学生自由讨论，发表意见）

师：时间到，刚刚老师听到同学们讨论得非常激烈，看来大家都有不少发现，那有哪位同学想要先跟大家分享一下自己的发吗？

生：我发现钟面上有三根针，它们转动有的快有的慢。

生：我发现钟面上的针，大小不一样，有一条又长又细，有一条又短又粗，有一条不长不短不粗也不细。

生：我把又长又细的叫爸爸，不长不短的叫妈妈，又短又粗的叫小明，代表一家三口在同一个钟面上赛跑。爸爸跑得最快，然后到妈妈，小明是跑得最慢的。

生：我发现它们转动的速度不一样，但是它们都是往一个方向转动的。

师：同学们的发现非常精彩，发现了很多关键的内容。大家给钟面上的针命名得也十分形象，在这里，老师也想要给他们命名。老师把又长又细的叫作秒针，又短又粗的叫时针，处在不长不短的叫作分针。它们之间会有什么故事呢，我们一起来研究研究。

师：在学习本课之前，通过之前的学习，大家对于整点时间的知识并不陌生，对整点时间的读写没有太大的问题。如果不是整点的呢，大家是否也能够准确无误地把它说出来呢。

师：大家观察一下钟面上的数字，你发现了它们的格子有什么特点吗？

生：有十二个数字，钟面有十二个大格，每个大格有五个小格子。

师：请同学们看到黑板上，我们一起来数一数。在大屏幕上，出示了一个钟面图。刚刚我们同学说了有十二个数字，有十二个大格子，六十个小格子。

那老师想问问同学们，钟面上有三条不同的针，根据其长短与粗细分别命名为时针、分针、秒针,那它们在钟面上转动一圈分别代表什么呢?先独立思考一会,老师叫同学来回答。

生:时针转一圈为 12 个小时。

生:分针转一圈为 60 分钟。

生:分针转一圈刚刚好是一个小时。

生:秒针转一圈为 60 秒,刚刚好一分钟。

师:那从这里我们可以知道,一小时等于六十分钟,一分钟等于六十秒(板书),这是时分秒之间的关系。

师:一分钟有多久呢,老师今天具体迟到了多久呢?

请同学们四人为小组,一起体会一下一秒钟有多久,一分钟呢。把你们一分钟能干什么事情记录下来。

(小组自由讨论 3 分钟,分享)

师:时间到了,大家有哪些发现呢?一秒钟大家能干什么事情呢,我们一起来听听同学们的发现。

(希沃白板进行倒计时)

生:一秒钟我能够背一句古诗,"锄禾日当午"。

生:一秒钟我能说一句话。

生:一秒钟我能写两个字。

生:一秒钟有"滴答"那么久。

师:是的,除了同学们说的一秒钟能干的事情,你知道吗?世界上平均每秒钟有 2.4 个新生命来到我们的世界。

师:一秒钟我们能干这些事情,那我们一分钟能干哪些事情呢?有没有同学来分享一下啊?

生:一分钟我可以阅读完一篇文章。

……

师:在短短的时间里,我们总是能干很多事情的,大家要学会好好利用时间。今天老师迟到了,希望同学们珍惜时间,我们要按时来到教室,做好上课准备。

【设计意图:教师迟到的小插曲,主要是为了教育孩子们认识到时间的重要性,吸引学生注意力。通过让学生进行小组练习,不仅可以促进学生进行思考,还可以增强学生小组合作的能力,增强学生沟通交流的能力。】

师:我们知道了时针、分针、秒针。通过观看动画展示,我们知道了,它们是顺时针转动。那么大家是否都能够正确读数了呢?现在就请同学们和自己的同桌拿着我们的钟表学具一起拨一下，我们一起来练习一下读数。同桌之间可以一个人读数，其他人做记录；在练习完之后互换角色，继续练习。

师：老师看到同学们都有在很认真地进行拨动练习，并把相关的数据记录下来。

师：正所谓好记性不如烂笔头，多写多记养成良好的学习习惯。虽然我们会读刚刚记录下来的数据，但是把它们写下来，在这个过程中不仅可以考验我们是否是真的会读了，而且还可以考验我们是不是会写了。对于这个时间的我们不知道谁会读，我们还要会写、会拨。

师：同学们练习比较多遍了，现在我们就请同学来给大家展示，哪位同学想来尝试一下呢？

师：先看我们挂在墙上的桌面，此时此刻是几点呢？请同学们看大屏幕上转动的钟面。

生：8 时 20 分。

师：（再拨动）现在呢？

生：10 时 15 分。

师：（10 时 15 分 30 秒）你可以说得更加详细一点吗？我们说钟面上有时针、分针、秒针，那么在这里你可以把它的秒针所指的时间也说出来？

生：10 时 15 分 30 秒。

师：你观察地真仔细，大家说读对了吗？

生：读对了。

师：在这里，我们有个地方是需要注意，在我们的数学的学习中，对于时间我们统一表达为几时几分。因此，在我们的课本中，我们在书写时间的时，要注意时间的规范写法是几时几分①；大家想要主要数学的规范用语与我们生活的口语表达进行区分。

【设计意图：时间会读与会拨是本节教学的重点，给予学生足够的时间进行练习是"做中学"的体现，是发现问题与解决问题的有效途径；教师在教学中提醒学生，生活中的时间读数与本课学习的联系，帮助学生在对比联系中发现数学的严谨性。】

（3）巩固提高，思维拓展。

师：通过前面的学习，学生在活动中感受了时间的长短，学习了时针、

① 赵艳.对教学用语应精确解读——以"认识时、分、秒"为例 [J].小学教学参考，2017（26）：26.

分钟、秒针之间的关系,那么大家掌握的怎么样,我们检测一下同学们的掌握情况。①拨一拨。请同学们两个同学为一个小组,互相拨动学具,如果有秒的规定,大家还要把时间拨到秒。两个同学轮流拨动钟面,并且判断你的同桌是否拨对了?如果没有拨对,你能不能帮它拨出正确的吗?②你知道吗。请同学们思考以下问题:秒针从指向 8 到指向 2,它经历了多久呢?秒针从指向 11 到指向 3,又经历了几秒呢?秒针从指向 4 到指针指向 9,在这个过程中,经历了多久呢?

(在这个环节中,教师充分给予学生的思考的时间,等一等学生)

【设计意图:同样的问题设置三个,在这里主要是为了让学生不仅有量的变化,更是希望学生能够产生一个质的变化过程;帮助学生真正理解所经过的时间,并不是说简单的数据运算。因为指针从 8 到指向 2,在这里刚刚好是 6 的差距,而对于 8-2 又刚好等于 6。很多学生会因此认为时间经过了多少,就是简单的用数字相减,有些学生认为指针从 11 到指向 3,直接就通过用 11-3=8,结果就认为经过的时间为 8 秒;但事实上指针从 11 到指向 3,只经历了 4 秒。教师在教学的过程中,需要充分地给予时间学生进行思考,并且让学生真正理解。】

(拓展学习)

师:小明的爷爷去坐公交,本来是计划乘坐 9 时 10 分的公交,但是事实上爷爷是 9 时 14 分才到达公交站的。已知到公交站每隔十分钟发一趟车,那爷爷最快什么时候能够搭到回家的公交车?

【设计意图:设计逐层深入,与生活建立紧密联系的练习题,不仅可以吸引学生解决问题的注意力,而且还能落实《义务教育数学课程标准(2022 版)》对于教学的要求,从真实的问题情境中出发,在解决问题的过程中,体现数学素养。】

(4)课堂总结,任务布置。

在课堂接近尾声的时候,与学生一起谈收获,更有利于知识的巩固,通过对本节课的教学内容的回顾,不仅有利于帮助学生对知识进行梳理,同时也有利于促进教师的专业成长发展,在反馈中反思教学的效果,总结优缺点,以便更好地开展下一次的教学活动。

师:成长体现在点滴中,本节课的学习大家有什么收获呢?

(学生自由发言……,教师进行系统的总结)

师:一寸光阴一寸金,寸金难买寸光阴。希望同学们都能够珍惜时间,利用好时间。

【设计意图:一节课 40 分钟,在学习完新的知识内容后,经过系统的梳理，更加有利于加深理解所学的内容，深度掌握；学生分享所学的内容，是检验学生课堂学习效果的有效途径，也是检验教师本课的教学效果的有效途径，更加的客观。】

本课时的教学反思：本课时作为本章主题《时间在哪里》的第一课时，主要结合教材的内容，合适地选取教学的材料，以主题的形式结合《义务教育数学课程标准（2022版）》对主题活动学习的要求，综合考虑学生的现有水平以及参考了我国现阶段比较常用的其他版本教材，如北师大版、苏教版等，部分教材在课程内容安排上，是把《认识时间》的内容学习得更加全面的，已经涉及《时、分、秒》的认识，甚至是划入了一个年级的学习任务。据此而言现阶段学生的年龄及现有水平是适合进行系统学习的，因此本课的内容选取，由于是以主题的学习开展教学的，主要是以人教版小学数学二年级上册的内容为主的，同时选取了人教版小学数学三年级上册《时、分、秒》章节的部分内容，如：秒是更短的时间单位，1分=60秒，以及一些较为简单的时间运算问题将在本课的练习及拓展部分进行呈现。

（二）第二课时：时间的影子

1. 教学目标

（1）能够使用普通话准确而流利地分享自己的发现。
（2）学会收集并记录时间，制定一份生活学习规划表。
（3）体会时间的影子无处不在，懂得充分利用时间。

2. 教学重点

准确流利地表达自己对时间的认识，并能说出自己一天能干什么事情，感知相应的事情需要花的时间。

3. 教学难点

在时间的分享体验中，懂得时间的价值。

4. 教学准备

在新课开始前，学生做好自己的发言准备，收集并记录自己一天能够干哪些有意义的事情；教师在课前需要准备好，预设学生在课堂中的表现，如何更好地动员学生勇敢地发言。

5. 教学过程

（1）动员环节

师：通过上节课的学习，我们对时间有了更多的认识，时间在我们生活中的影子无处不在，那么，大家与时间有什么故事呢？今天这一节课，同学们可以把课前所收集到的我们一天能够干哪些事情与大家分享。在分享的过程中，其他同学要认真听，分享的同学要注意思路清晰，把内容表达清楚。除此之外，同学们在分享故事的过程中，需要把涉及的时间准确表达出来。大家都准备好了吗？

……

师：哪位同学想第一个站到我们讲台上，把故事分享给大家呢？分享的故事可以是你最近生活中某一天的，也可以是在你的记忆中印象最为深刻的那一天，发生了哪些事情，这事情对你来说有什么意义？

（2）学生分享环节

学生分享准备的相关内容，教师维持教学的秩序，暂且未到分享故事的同学，做到认真聆听他人的故事，并对照自己的行为举止。

（3）教师总结环节

师：今天我们同学分享的故事非常精彩。尽管有部分同学在表达上略显紧张，但是大家都能够把自己想要说的故事流利的分享给大家，同学们都是优秀的，希望同学们可以把掌声送给勇敢表现的自己。

通过同学们的分享，我们可以再一次的更深层次的认识到：时间的影子在生活中无处不在。时间是宝贵的，每一分每一秒的过去都不会重来，每天的结束都是新的一天的开始。通过同学们的分享，我们可以知道这一天对同学们来说都是很有意义的，并且印象非常深刻。在这一天，同学们做的事情也很有意义。那么在未来的日子里，我们需要思考如何将自己的一天都过得更加有意义、更加的精彩。

在同学们的汇报过程中，大家都提到了一些比较常见的时间段。例如：每天早上什么时候起床；到学校所需要的时间是多少；每天什么时候出门，到达学校的时间才是最合适的。这些都在告诉我们，合理安排时间十分重要。

在刚刚的分享过程中，有位同学分享了他的 1 分钟与 15 分钟之间的故事。当我们听到这位同学的标题的时候，相信大部分同学都会想起我们在一年级下册的时候学过的一篇文章《一分钟》（统编版《语文一年级下册》），在这篇文章中，主要讲述了主人公因为多睡了一分钟，结果带来的是上学迟到了 20 分钟，在迟到过程中是一路的焦急等待和不停的叹息，是步行的辛苦和迟到了脸红的尴尬，所获得的是深深的后悔与宝贵的教训①。

类似的标题，我们同学的故事又会是怎样的，为什么 1 分钟与 15 分钟之间会有故事？这位同学他是这样子说的："在一个再正常不过的上课的日子里，按照往常的床时间，7：00 起床，整理好一切出门到学校的时间是刚刚好的，但是由于在天并没有按照往常的时间按时起床，并且在规定的时间出门，最终迟到了。由于迟到 15 分钟，错过了一场重要的考试。就因为一分钟的赖床时间，导致了他在去学校的路上，没有留足充分的时间。由于没能按照往常的时间出门，错过了 7：15 搭上公交车，只能等下一批，在等待的过程中只能默默地看着时间的流逝；在等到下一批公交的时，恰逢上学高峰期，并没有像往常交通那么一样顺畅，不断地出现红灯，只能看着自己迟到而无能为力。就因为觉得一分钟没什么问题，结果因为赖床了 1 分钟，导致了在上学的路上比以前花多了更多时间，最终迟到了 15 分钟。"这位同学的故事告诉我们，我们不能轻视每一分每一秒，很多时候可能就是因为我们觉得一分钟不重要，结果到最后把事情弄砸了。通过本节课的学习分享，可以看出我们同学对于时间的感悟还是比较深刻的，对时分秒的掌握较为牢固。

【设计意图：教师在学生分享故事之后，做一个简单的总结，并把其中典型的例子拿出来跟学生再次学习与思考，不仅可以让学生认识到，我们在聆听他人的故事的过程中，我们不只是简单地听一个故事。许多学生听完故事之后就算完了，没有进行深刻的思考，听完他人的故事之后，人们往往需要对照一下自己会不会也成为故事中的主角。教师进行故事的再分享，可以让学生再次认识到相关的事例的严重性，意识到其背后所蕴含的深刻道理，在这个十五分钟故事中，告诉大家无论是何时都要懂得珍惜时间。】

（4）课后任务布置。

请同学们课后完成一份学习生活的规划表，要求表达清晰，内容简洁准确。

（某天，例如周末；某一段时间等）

【设计意图：在学习完课程的理论知识后，结合学生在一年级上册的道德与法治的课堂中所要求制作一份简单的时间规划表，在时间的规

---

① 陈真真. 深入挖掘数学文本 提升数学育人价值——以《时、分、秒》的教学为例 [J]. 福建教育，2017（45）：51-52.

划表中，可以看出学生是否能够合理安排自己的学习生活时间，以此来考查学生对时间是否懂得其宝贵而短暂。】

本课时的教学反思：本次教学活动的开展主要是在数学的课堂中，融合语文的口语表达，充分体现语言的魅力。通过让学生对自己的学习生活进行总结，并且用语言表达，可以让学生更加贴切体会到时间的宝贵；并且在汇报的过程中学生对时间的说法，可以考查学生对于第一课时的教学内容《时、分、秒》的理论知识的掌握情况。在这个过程中，不仅考查了学生对时间的读法的表达是否正确，而且在这个活动过程中，很多学生会说到一些关于时间段的问题，然而部分学生对时间段的计算，如果没有掌握到位，在表达的过程中存在的问题就会明显地表现出来。

教师在学生分享完毕之后可以对其进行记录，把相关的问题记录下来，并进行一个系统的点评。可以注意到有些问题并不是一个学生出现的，而是一个普遍存在的大问题。在理论的课堂的学习过程中，或许学生对于时分秒的认识较为到位，但是学生对于时间的意义的体会可能并没有达到教师在第一课时教学目标的预设，所掌握的更多的是一个理论的知识。而通过本次教学活动，不仅可以充分发挥学生在课堂中的主体性，而且可以在学生主动参与到教学的活动中，加深学生对数学知识的理解，同时锻炼学生的语言表达能力，以此达到全面培养学生的效果。开展本次教学活动，在课堂中更多的是学生在进行一个数学故事的分享，其他学生在这个过程中不仅充当的是一个同学的角色，大家更多的是充当一个倾听者的角色，在认真倾听他人的故事的过程中，不仅对数学的知识有更深的认识与理解，而且在这个过程中可以提高学生尊重他人的意识，养成聆听的好习惯。

（三）第三课时：我是时间画手

1.活动主题

在经历了第一课时的理论课程的学习，学生对时间有了更加感性的认识；通过第二课时的课前收集记录及学生的课堂分享，学生对自己一天能干哪些事情，对时间学生有了更加深刻的认识，经历说一说发生在自己身上的一件印象深刻的一件事或印象深刻的某天，为本课活动的开展奠定了基础；本节活动的开展，主要是借助数学的课堂，学生在欣赏音乐的同时，认知时间的长短，在感知时间的宝贵与短暂中，学会制定自己的学习生活，增强学生珍惜时间的意识；在设计绘画的过程中，发展学生的审美以及培养学生的设计意识。

2. 活动目标

（1）能听懂《时间都去哪儿了》歌曲的含义，懂得欣赏。
（2）能够把自己的一天用绘图的形式记录下来，并标上具体的时间。
（3）体会时间的短暂与宝贵，学会好好珍惜时间、学会感恩。

3. 教学重点

在欣赏《时间都去哪儿了》歌曲的过程中，体会时间的意义；懂得感恩、学会珍惜时间。

4. 教学难点

设计并用绘画的形式记录自己的一天，并标上时间。

5. 教学过程

（1）感悟音乐中的数学。

在新课开始前，教师陈述本课学习的形式，欣赏歌曲，体会歌曲中所蕴含的数学；借助歌词，体会时间的宝贵。

欣赏《时间都去哪儿了》，感悟时间的影子。

时间都去哪儿了

词：陈曦 曲：董冬冬

门前老树长新芽

院里枯木又开花

半生存了好多话

藏进了满头白发

记忆中的小脚丫

肉嘟嘟的小嘴巴

一生把爱交给他

只为那一声爸妈

时间都去哪儿了

还没好好感受年轻就老了

生儿养女一辈子

满脑子都是孩子哭了笑了

时间都去哪儿了

还没好好看看你眼睛就花了

柴米油盐半辈子

转眼就只剩下满脸的皱纹了

记忆中的小脚丫

肉嘟嘟的小嘴巴

一生把爱交给他

只为那一声爸妈

时间都去哪儿了

还没好好感受年轻就老了

生儿养女一辈子

满脑子都是孩子哭了笑了

时间都去哪儿了

还没好好看看你眼睛就花了

柴米油盐半辈子

转眼就只剩下满脸的皱纹了

师：这首歌有多长（3 分 43 秒），同学们先思考一下听完这首歌的时间能干那些事情。在听这首歌的时候，大家的感受有哪些？感触最深的是哪一句歌词？这个歌词所处的时间点是几分几秒，这句歌词离听完这个首歌还需要多长时间？歌词重复出现的时间间隔是多少，你会算吗？

【设计意图：借助歌曲《时间都去哪了》这一首歌曲，不仅可以在欣赏音乐的过程中陶冶情操，而且可以在学生认真欣赏的同时，带着问题思考，发表自己的看法，提高学生的认知发展水平。与此同时，落实跨学科教学的目标，提升学生的数学学科素养，引导学生进行打破学科界限的综合视角下的数学学习。】

（2）绘画环节。

师：请同学们拿出课前准备好的图画纸，结合上节课的分享思考一下自己的一天是怎样的，用画笔把它画下来。在画的过程中需要注意清晰形象，注意设计好如何更好地把内容呈现出来，并标上时间点与时间段，并在旁边注明你正在干什么。

【设计意图：在数学课中，以数学的知识学习为起点，融合美术学科教学，提高学生的审美情趣的同时，学会对生活进行梳理总结；除此之外，巩固数学知识的学习。】

（3）课后作业布置。

给自己最想要感谢的人写一封感谢信，在信中表达自己为什么要感谢他／她，会有怎样的实际行动。

【设计意图：通过欣赏歌曲之后，感受时间的短暂与宝贵，以写信的形式表达对他人的感谢，不仅可以考查学生对时间的理解，而且在写信的过程中可以考查学生的语言表达能力。有效地体现了跨学科的教学，打破数学学习的边界，把数学课堂的学习发挥到最佳的效果。】

6. 学生作品示例

以下是在《时间在哪里》的教学案例中，笔者的部分学生完成的作品。

学生作品①：周末计划表（图 5-1）。

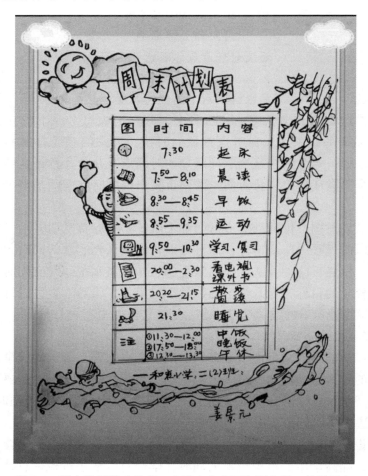

图 5-1　周末计划表（作者：上海市宝山区和衷小学　姜景元）

学生作品②：周末作息表（图 5-2）。

图 5-2　周末作息表（作者：上海市宝山区和衷小学　卫欣弈）

学生作品③：寒假作息表（图 5-3）。

图 5-3　寒假作息表（作者：上海市虹口区复习实验小学　杨淏钥）

学生作品④：暑假计划（图 5-4）。

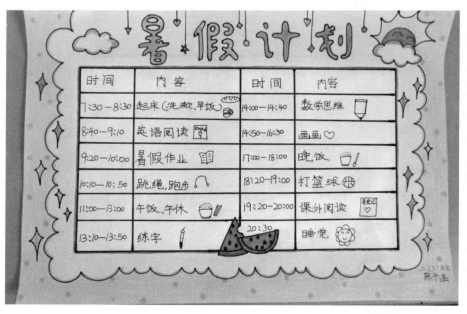

图 5-4　暑假计划（作者：江苏省苏州市相城第一实验小学　陈予菡）

学生作品⑤：寒假作息表（图 5-5）。

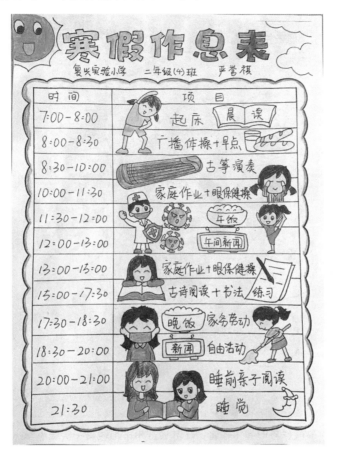

图 5-5　寒假作息表（作者：上海市虹口区复兴实验小学　严誉祺）

学生作品⑥：暑假作息时间（图 5-6）。

图 5-6　暑假作息时间（作者：江苏省苏州市相城第一实验小学　吴迪）

（四）评价设计

本次教学的评价更加注重有效评价的组织，关注学生深度学习的结果；因此在本课主题《时间在哪里》的教学评价中，将会充分体现《义务教育数学课程标准（2022 版）》中对教学评价的要求，落实育人的教育教学目标，发挥评价在教学中的育人导向作用。采用多维度、多主体、多形式的评价方式，全面综合地评价本次的教学效果、学生的学习效果、教师的专业发展等。

1. 学生自评

以表格计分的形式，从学习能力、资料收集与分析能力、学习态度等三个维度评价学生，通过活动主题《时间在哪里》的学习，学生在各方面的成长与收获。除此之外，在学生自评表中设有学生开放性评价一栏，学生可以把除了评分表以外的其他方面的内容予以记录，进行更加全面的总结与反思，促进学生的发展进步（表5-1）。

表5-1　学生自评表

姓名		教学主题				
学习能力		5	4	3	2	1
1	清楚理解主题					
2	能从阅读及资料搜集中获得知识					
3	能将资料整理及分析					
4	能提出自己的见解					
资料收集与分析能力						
5	能制定工作计划					
6	能利用各种方法收集资料					
7	能合理分析资料					
学习态度						
8	积极参与教学活动过程					
9	有创新想法					
10	敢于分享善于合作					
11	努力寻找与主题有关的资料					
12	能按时完成工作					
开放性评价						

注：满分是5分，打分范围1～5分。

2. 互评与他评

针对学生对《时、分、秒》理论知识的掌握，以及学生个人行为表现及发生的改变，是否惜时、守时等进行综合性评价（表5-2）。

表 5-2　互评与他评表

姓名				教学主题			
评价维度	评价成员姓名						
1.资料搜集							
2.资料整理							
3.问题分析							
4.合作态度							
5.学习分享							
6.惜时守时							
7.熟练读数							
8.正确运算							
9.积极性							
10.合作性							
总分							

注：满分是 5 分，打分范围 1 ~ 5 分。

3. 教师评价

教师评价作为对学生综合评价中，最为重要的一部分，应立足于学生的现有水平及其知识的增长，行为的变化，作品的点评等，给予学生更加客观全面的学习效果评价（表 5-3）。

表 5-3　教师评价表

教学主题		评价学生姓名				
具体评价内容		5	4	3	2	1
1.形成性评价	在教学开始前学生的表现：（补充评价语）					
	在教学活动中学生的表现……					
	个人作品分享学生的表现……					

续表

2.结果性评价	教学活动结束的测评表现……				
3.个体内差异性评价	对学生在本次教学活动中的整体印象：				
评价日期：	年　月　日				

注：满分是 5 分，打分范围 1～5 分。

4. 家长评价

《义务教育数学课程标准（2022 年版）》指出，对学生的评价主体应该是多元的，家长作为学生成长中最亲近的人之一，应该积极参与到学生学习成长的过程评价中，客观关注学生的行为改变，同时促进亲子关系的发展（表 5-4）。

表 5-4　家长评价表

您对孩子的学习效果有什么意见：		
开学至今，您对孩子的学习态度及状况有何意见：		
本次主题教学活动的开展，您认为您的孩子最大的进步表现在：		
家长：	学生：	日期：

四、实施要点

（一）探究主题要明确

本次教学活动的主题选定为《时间在哪里》，根据学生的认知发展水平以及本课教学内容的安排，《义务教育数学课程标准（2022 年版）》的要求，对于本次教学活动设置了三个教学学时：

首先是对理论知识的学习《认识时间》，让学生在现有的生活经验的基础上，进一步认识更多关于时间的理论知识，并且切身体会时间的长短，初步感知在生活中，时间转瞬即逝，要懂得珍惜宝贵的时间。

其次在有理论知识奠基之后，通过课时《时间的影子》让学生主动去发现生活，以活动的形式，给学生提供分享自己故事的舞台，学生在倾听他人故事的过程中，进一步感知时间的意义。

最后以课时教学《我是时间画手》为主题，先带领学生一起欣赏熟为人知的歌曲《时间都去哪了》，在欣赏歌曲中体会时间宝贵可以以多样的形式进行表达，并在欣赏歌曲的过程中巩固《认识时间》的理论知识，在放松的同时达到巩固的效果，陶冶情操的同时达到知识的强化。

除此之外，在第一课时与第二课时的基础上，学生对时间有了更加深刻的认识，《义务教育数学课程标准（2022年版）》要求教育要培养德智体美劳全面发展的人，在第三课时的教学中，将会在数学学习的基础上，带领学生走进数学艺术的世界，让学生提起画笔，进行创作记录自己的生活，不仅提升学生的设计能力，锻炼学生的逻辑思维能力，而且可以考查学生对理论知识的掌握情况及学生的生活常识。

本次跨学科的教学活动充分体现以数学的教学为主，其他学科语文、音乐和美术的教学为辅；教学探究的主题始终保持清晰明确，确保学生学有所获，改变传统的教学方式，让学生的跨学科的课堂教学中，体会数学的魅力，获得数学学习的成就感。

（二）驱动问题引思考

从真实问题情境出发，引起学生认知问题解决的意义。在《时间在哪里》主题教学中，课程教学的开展立足于真实的问题情境，紧扣学生的现实生活，设计更多更易于引起学生学习兴趣的教学问题。本课的教学不仅是为了让学生认识到时分秒之间的关系，知道1时=60分，1分=60秒，钟表上的数量关系，学会简单的时间运算，能够解决生活中遇到的时间问题，还强调对学生进行德育的教育，在数学的课堂中打破数学学习的界限，通过本课的学习达到懂得珍惜时间的宝贵，并学会感恩等。

在设计本课内容的教学目标时，从生活出发，把生活中的例子作为教学的素材。学生知道了老师"迟到"了，那么老师具体"迟到"了多久，要怎样进行准确的表达，"迟到"会产生怎样的影响，思考自己在生活中是否有过"迟到"的经历，如何杜绝"迟到"的现象；吸引学生认真学习时间，意识到规划时间的重要性等。

（三）合作交流出成果

重视发挥学生学习的自主性，知识的建构，学生的交流讨论，把课堂归还给学生，体现"少而精"的教学。合作交流所起到的效果往往都是无法替代的，一个人的思考总会存在思考不周的地方，在与他人的交流合作中，可以促使产生思维的碰撞。在本次教学活动中，教师给学生提供足够的时间与空间进行交流分享，在合作中总结新的发现。

（四）反思总结促发展

对于事情进行反思总结，思考其中的优缺点，优点继续发扬，缺点及时改正，有利于促使自己更好的发展。教学作为教师教与学生学的统一，对于教学的相关过程，不仅需要教师及时进行总结反思；也需要充分发挥学生的教学反馈，以此来互相促进，互相进步。

（1）教师反思。对于教学的反思，教学不仅仅要对课堂的教学效果进行反思，还要对课前教学准备进行反思，课后的作业批改与个别辅导进行反思。反思课前的教学准备是否准确选择了教学的材料，对教学活动的开展预设是否全面，是否能够全面把握学生的现有知识水平以及学生的认知发展规律及其年龄特征；反思课堂教学中，对课堂知识教学的把握及活动的开展实施，学生在课堂中的表现，教师对生成性问题的灵活处理，课堂教学效果的达成情况等；课后教师及时批改学生的课后作业，发现相关的问题并针对相关的问题采取相应的措施，帮助学生更好的发展，同时教师在处理相关问题的过程中，积累相关的教学经验等。

（2）学生反思。在跨学科的教学活动中，在课堂教学中谈收获更能促进学生的发展进步，学生在进行反思的过程中，不仅是对知识内容获得的梳理，更是在这个过程中反映出学生的学习效果及教师的教学效果。学生对自己的学习进行反思，反思自己的表现及总结其对自己学习收获的影响，思考自己该如何学习才能达到更好的教学效果，促进学生的发展进步。同时，学生的课堂反馈及课后的总结反思也是促进教师发展进步的有效途径之一，学生通过给教师提出教学的建议，让师生之间的关系再进一步，也有利于双方互相成长进步。

第二节　小学数学项目式跨学科
学习活动的设计案例

在当今的基础教育课程改革浪潮中，当今世界各国纷纷开始探索新的人才培养模式，创新意识和问题解决能力的培养和发展更是成为各国改革的普遍目标。这就要求人们具有创新的意识和创新精神，具有较强的问题解决能力和探究能力。面对当今世界教育课程改革的趋势，我国紧跟世界潮流，进一步深化基础教育课程改革，制定了新的义务教育课程标准，旨在强化课程的综合性和实践性，推动育人方式的变革。在《义务教育数学课程标准（2022 年版）》中，聚焦中国学生数学核心素养的发展是核心内容，而学生"四基"（即基础知识、基本技能、基本思想、基本活动经验）、"四能"（即发现、提出、分析和解决问题的能力）的获得与发展是培养学生数学核心素养的具体目标，"三会"（即会用数学的眼光观察现实世界、会用数学的思维思考现实世界、会用数学的语言表达现实世界）则是学生数学核心素养的具体表现①。而小学数学项目式跨学科学习活动的设计与开发立足《义务教育数学课程标准（2022 年版）》，基于学生实际，以学生为本，是一种新的人才培养模式，旨在培养学生贯穿于不同学科所需要的通用能力，通过将不同学科的知识和技能进行融合、整合，从而培养学生适应未来学习，工作和生活等方面的综合素质②。小学数学项目式跨学科学习活动通过将特定主题涉及的学科知识和技能重新进行整合和编排设计，从而形成学科融合式的学习模式，对于学生综合能力的培养具有重要作用。

　　基于此，笔者设计了小学数学项目式跨学科学习活动——《诗、词中的数学——巧用数学文化，妙学数学知识》。本案例以数学学科为主，将数学与语文相融合，同时在教学过程中渗透价值观教育的项目式跨学科教学案例。案例严格遵循新课标的要求，教学要落实立德树人根本任务，坚持德育为先，提升智育水平，培养学生适应未来发展的正确价值观。因此在本案例教学在进行跨学科学习活动的同时，将思想教育有机融入教学活动，培养学生正确价值观，增强数学学科的思想性。

一、背景设计

（一）课程标准分析

　　《义务教育数学课程标准（2022 年版）》指出，数学教学内容是实

---

　　① 中华人民共和国教育部.义务教育数学课程标准：2022 年版 [M].北京：北京师范大学出版社，2022：22.

　　② 倪中华.芬兰的"现象教学"：基于跨学科理念的项目式学习 [J].上海教育，2021（24）：70-71.

现教学目标的重要载体，教学的选择对整个教学起着重要作用。因此，教学内容的选择要体现数学学科特征，继承和弘扬中华优秀传统文化；符合学生的认知规律，有助于学生理解、掌握数学的基础知识和基本技能，形成数学基本思想，积累数学基本活动经验，发展数学核心素养；注重数学知识与方法的层次性和多样性；根据学生的年龄特征和认知规律，学习素材的呈现适当采取螺旋式的方式，适当体现选择性，逐渐拓展和加深教学内容，尊重学生的身心发展需求 ①。此外，新课标还指出方程教学的目标，即能在具体情境中，用数和字母或含有字母的式子表示数量之间的关系、性质和规律，通过运算或推理解决问题，形成与发展学生的符号意识、推理意识和初步的应用意识，感悟用字母表示具有一般性。因此，基于课程标准提出的教学目标，本课立足方程教学，选取大量古代的诗和词，旨在挖掘和弘扬我国优秀传统数学文化的同时，让学生用数学的思维去思考和分析数学和诗、词之间的关系，形成基本的数学思想，积累丰富的数学活动经验。

（二）学情分析

五年级的学生已经具备一定诗歌、成语的知识储备和用词典查询成语的能力，这为学生接下来学习诗、词中数学知识和数学提供了基础条件，并且在研究数学诗中的方程问题上，学生已经完成了整数、小数的四则混合运算、用字母表示数以及方程的学习，积累了较多的数量关系的知识并掌握一定的解方程问题的方法和步骤。此外，五年级学生的认知水平还处于感性认识的阶段，有强烈的好奇心，但注意力仍容易分散，因此，本课采用形式多样的教学方法，改变单一讲授式教学方式，注重启发式、探究式、参与式、互动式等，积极开展跨学科的项目式学习活动，激发学生的学习兴趣，培养学生的能力。根据不同的学习任务，选择合适的教学方式组织开展教学。通过丰富的教学方式，让学生在实践、探究、体验、反思、合作、交流等学习过程中感悟基本思想、积累基本活动经验，促进学生核心素养发展。

二、目标设计

核心素养是在长期的教学过程中逐渐形成的，要根据核心素养的内

① 中华人民共和国教育部. 义务教育数学课程标准：2022 年版 [M]. 北京：北京师范大学出版社，2022：25.

涵和不同学段的主要表现，结合具体的教学内容，细化具体课时的教学目标，充分发挥核心素养导向的教学目标对教学过程的指导作用，在实现知识进阶的同时，体现核心素养的进阶。本案例的目标设计从知识与技能、过程与方法、情感态度与价值观三个方面入手，融合了数学与语文学科的相关知识，同时继承和弘扬了我国中华优秀传统文化，立足于学生核心素养的培养，紧扣活动主题，制定了体现核心素养的阶段性和各阶段之间的一致性的综合性目标，这样的活动目标不仅体现了学生学习的过程与结果，还有利于师生在活动过程中进行自我评价与反思。通过项目式跨学科的学习活动，学生在感受数学文化的同时，数学模型思想得到培养。

（一）知识与技能目标

借助数学游戏，体验长度单位的不同表达方式，体会词中的长度单位，感受长度单位中的数学文化，增强对长度单位的探究意识。

（二）过程与方法目标

使学生初步感知用方程解决复杂问题的策略，能够经历信息的提炼、分析、符号化等过程，从诗词中提炼出数学问题并能运用方程正确解答"李白买酒"等问题，建立数学模型。

（三）情感态度与价值观目标

通过学习诗、词中的数学知识和数学问题，渗透诗词文化，使学生体验数学与诗歌和成语之间密切的联系，感悟数学的魅力，从而提高学生学习数学的兴趣。

三、活动设计

（一）设置悬念，揭示课题

师：我们大家都知道，数学很抽象，也正因为它的抽象，我们在数学的学习过程中常常会感到枯燥无味，那么如何才能使数学易于理解、变得更加形象和具体，同时并为人们所接受并喜爱呢？为此，我国的古代数学家想了很多办法，也做出许多尝试，而数学入诗、数学入词就是其中一种，而这里的"诗"是指诗歌，"词"是成语，你们可别小瞧这小小的四字词语，里面可是蕴含着丰富的数学知识呢！通过以这种方式，人们在欣赏诗歌、理解成语大意的同时，理解和掌握诗、词中的数学知识，轻松地将复杂的数学信息传递，使抽象的数学知识变得形象、生动、有趣。而今天我们学习的内容就是与诗、词有关的，看到这个课题（课件上出示："诗、词中的数学"），同学们，你们什么问题想要问的吗？

　　生1：诗中的数学是什么样子的？成语中的数学又是什么样子的？

　　生2：诗、词中究竟会蕴含着怎样的数学知识呢？

　　生3：数学入诗、数学入词对我们学习数学有什么好处呢？

　　……

　　师：同学们的问题都提得很好，看来都是经过认真思考得出来的。那接下来，我们就先来研究成语中的数学。

　　【说明：开头通过谈话设置悬念，激发学生的好奇心和求知欲，接着介绍数学诗的种类，不仅有利于拓宽学生的知识视野，还有利于激发学生对数学学习的兴趣，促进学生积极主动地学习数学。】

（二）研究成语中的数学

　　师：现在请同学们运用提前准备好的词典，找一找这个成语的表达的意思。

　　[在多媒体上出示成语"跛鳖千里"（图5-7）]

图5-7　"跛鳖千里"

　　生："跛鳖千里"原指跛脚的鳖虽然只能半步半步地前行，但是只要不断努力，永不停息，也能走到千里之远。比喻只要坚持不懈，即使条件很差也一定能够成功。

　　师：从这个成语中，你们读出了哪些感悟呢？

生 1：虽然我们难免在学习中遇到很多挫折，但是只要我们不放弃，就会取得成功！

生 2：虽然我数学成绩很差，但是我相信，只要我认真学习，我一定会有所进步的！

师：非常棒！你们的感悟生动地诠释了这个成语的意思，老师相信，经过你们本节课的努力学习，你们一定会有所收获的！其实啊，"跋鳖千里"除了蕴含这层意思，里面还蕴含了数学知识。"跋鳖千里"出自春秋战国，那时 1 尺约合 19.5 厘米至 23.1 厘米，如果按照"六尺为步""三百步为里"来计算，那么 1 里 =（19.5 厘米至 23.1 厘米）×6×300=35100 厘米至 41580 厘米 =351 米至 415.8 米，因此当时的"千里"约是 351 公里至 415.8 公里[①]。那么接下来请你们再继续查找这个成语的意思。

[在多媒体上出示成语"毫厘丝忽"（图 5-8）]

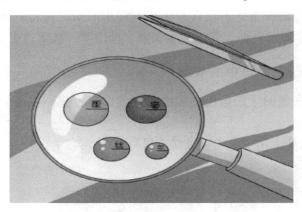

图 5-8　"毫厘丝忽"

生：毫、厘、丝、忽分别是古代"分"以下的四个小量值的长度单位，比喻极细微的事物。

师："毫厘丝忽"出自明代，那时的 1 尺约是 32 厘米，推算下来 1 厘 =1/1000 尺 =0.032 厘米，1 毫 =1/10000 尺 =0.0032 厘米，1 丝 =1/100000=0.00032 厘米，1 忽 =1000000 尺 =0.000032 厘米[②]。而在成语中也有一个与之相对量值较大的四字词语，那就是"墨丈寻常"，"墨""丈""寻""常"是我国古代"尺"以上的四个不同量值的长度单位，比喻不太长的距离。1 墨 =5 尺、1 丈 =2 墨、1 常 =2 寻 =16 尺[③]。"墨

---

① 郑颖 . 成语典故中的度量衡（九）[J]. 中国计量，2017（03）：62.

② 郑颖 . 成语典故中的度量衡（八）[J]. 中国计量，2017（02）：64.

③ 郑颖 . 成语典故中的度量衡（十四）[J]. 中国计量，2019（02）：84.

丈寻常"中的四个长度单位都是量值相对较大的，与"毫厘丝忽"中的四个量值较小长度单位正好相呼应。

生：想不到成语中蕴含这么多有关长度单位的数学知识啊！

师：仔细观察这些成语中数学信息，你们能发现什么有趣的现象？

生 1：我发现了一个有趣的信息！不同朝代，它们长度单位的量值也不一样，例如在春秋战国时，1 尺约合 19.5 厘米至 23.1 厘米，而在明代，那时的 1 尺约合 32 厘米。

生 2：我有补充，我发现不同朝代，它们的长度计量的单位也不一样，例如明代有"毫厘丝忽"，而春秋战国时期没有。

师：同学们都观察得很仔细，都捕捉到了重要的信息。因为世界上任何事物都是在不断发展的，不同的朝代会随着社会的发展制定出新的长度单位，长度单位的更迭是一个发展的过程，在未来，我们现在所用的长度单位也可能会被新的长度单位所替代，这是社会发展的客观规律，跟你们从婴儿成长到现在是一样的道理。

生：真好奇未来的长度单位是怎样的啊！

师：其实除了老师刚刚说的那几个数学成语，还有好多呢，现在我们就玩一个小游戏，以前后四人为一小组，比一比哪个小组可以用最短的时间在词典中找出最多的有关长度单位的数学成语，现在开始！

（学生小组内合作探究，教师巡视合作情况并给予适当指导）

师：现在请同学们结束讨论，请各小组的代表汇报你们小组的搜集情况。

生 1：我们小组找到了寸步不离、尺有所短、寸有所长、鼠目寸光，这里的"寸"是古代的长度单位，"十厘"为"一分"，"三分"就是 1 厘米，"一寸"等于"十分"，相当于 1/3 分米。

生 2：我们小组找到了丈八金刚、一落千丈、咫尺天涯、一瞬千里、失之毫厘，谬以千里，要补充的是这里的丈也是长度计量的单位，在古代"一丈"等于"十尺"（3.33 米）。

生 3：我们小组找到了福生于微，祸生于忽、步步为营、跬步千里。我们要补充的是这里的"步"也是长度计量的单位，1 步 =2 跬，六尺为步、三百步为里。

师：你们真善于学习！不仅找到了这么多有关长度单位的成语，还给同学们介绍了它们的量值。其实啊，除了以上这些，如成语"退避三舍""壁立千仞"中的"舍""仞"等也是我国古代长度计量单位，它们的背后都有着有趣的故事。虽然随着社会的进步，这些长度计量单位已经被淘汰了，不再被使用了。但是在它们背后都反映了我国古代人民勤劳、聪明、努力向上的优良传统。

师：我们研究完成语中的数学，接下来我们研究数学诗中的数学知识以及数学问题。

【说明：玩游戏是学生的天性，既然游戏是儿童的活动本性，那游戏应该成为教学最好的载体。在学习数学成语中穿插一些游戏来使学生的主动性得到充分发挥，这样能充分激发学生的好奇心，吸引学生的注意力，让他们全身心地投入活动中；此外，通过在古代成语中寻找长度单位，学生了解和掌握古代长度单位的发展史以及学科领域的知识，同时感受到了我国词文化的博大精深，源远流长，获得深刻而广泛的意义。】

（三）研究诗歌中的数学

1. 介绍数学诗的种类，初步感知诗中的数学知识

师：其实啊，诗歌中有很多类型的数学诗，在这里老师就简单介绍2种，如果感兴趣的同学还可以课后自己去搜查资料，了解其他的数学诗。

师：杂数诗是诗歌的一种体裁，有以数字为题目的，有以数字嵌入诗句的，类似文字游戏。

首先在课件上出示的是杂数诗：

《百鸟归巢图》题诗

宋·伦文叙

归来一只复一只，三四五六七八只。

凤凰何少鸟何多，啄尽人间千石石。

师：同学们看到这首诗的题目也许会好奇为什么是"百鸟"呢？其实啊，诗中已经告诉了我们答案。两个"一""三"个"四""五"个"六""七"个"八"的和就是一百，是不是非常神奇呢？（$1+1+3\times4+5\times6+7\times8=100$）

接着在课件上出示数字诗：

《山村咏怀》

宋·邵雍

一去二三里，烟村四五家。

亭台六七座，八九十枝花。

师：接下来介绍的数字诗，数字诗是将数字嵌入诗中，与其他词语组合在一起，全诗融为一个整体。这首《山村咏怀》，诗人用"小学数数"的方式将乡村美景——道来，通俗易懂，仿若画面就在眼前一般，同学

们是不是也有这种感觉呢？

师：看完这两首数学诗，同学们，你们有什么想说的吗？

生1：数学的应用也太广泛了吧！想不到语文的古诗中也有这么多与数学有关的诗，数学真是无处不在啊！

生2：数学诗真是太神奇了！简单的几句话却包含了这么多的数学知识，想不到古诗也这么有趣！

生3：数学与古诗的融合太巧妙也太有趣了！古代的数学家真是太厉害了！

……

师：刚才我们通过了解知道数学诗有不同的种类，不同的诗蕴含着不同的数学知识，同时也蕴含有趣的数学问题。同学们回想一下在之前的学习中，除了老师刚刚介绍的数学诗，你们觉得诗中会有什么有趣的数学问题呢？

生：我记得之前学习方程的时候，老师给我们介绍过古代的鸡兔同笼问题，都是以诗的形式展示的。

师：同学们都很聪明！一猜就猜到了，是的，我们接下来要学习的就是诗中的方程问题。

【说明：数字入诗、数学入词，别具一格，使人情趣盎然。将数学知识、数学问题融入诗歌中，让人沉思、遐想。本环节介绍数学诗的种类，不仅有利于拓宽学生的知识视野，沟通数学学科与语文学科的联系，还有利于激发学生学习数学的兴趣。】

2. 呈现诗中的数学问题，研究方程问题

师：同学们，平时我们的方程问题都是以白话文的形式展示，以诗词的形式展示方程问题并解决，我们还是第一次尝试，不知道同学们有没有信心？

生齐：有！

师：同学们的声音很响亮，从你们的声音中，老师听出了你们的信心，同时，老师还听出了你们的迫不及待，那么接下来，我们就一起来看看第一首诗，小试牛刀。

老师边说边在多媒体上出示题目：

俺院里，有群鸡，加七，减七，乘七，除以七，其结果，仍是七。你猜猜，有多少只鸡？

师：现在请同学们都读一读这首数学诗，读完之后你们有什么感觉？

生 1：这首数学诗朗朗上口，好押韵啊！

生 2：感觉很好玩，有好多"七"啊！

生 3：为什么都是七啊？

师：题目求有多少只鸡，这个问题你们能解决吗？

生：这道题其实不难，根据题意我们可以知道，就是一个数加七，减七，乘七，除以七，它的结果还是七，求这个数是多少。只要我们倒过来想就可以得出答案了，$7 \times 7 \div 7 + 7 - 7 = 7$（只）。

其余学生纷纷点头表示赞同。

师：这位同学说得真好！将诗中的问题提炼成数学问题，然后倒过来想就可以解决了。其实啊，在数学上，我们通常把这种"倒过来想"的方法称为"逆推法"。倒过来想的方法我们在三年级的时候就学会了，但是我们现在是五年级的学生了，你们能不能用五年级的方法来解决这个问题呢？

生：用方程？

生齐：方程可以。

师：那么，根据我们以往的经验，用方程解决问题的关键是什么呢？

生 1：读懂题目，然后根据题意列出等量关系式！

生 2：这道题我会，鸡的只数 $+ 7 - 7 \times 7 \div 7 = 7$。

生 3：我有补充，他这样列还不算是完整的，还要考虑运算的顺序，所以应该加括号，像这样"（鸡的只数 $+ 7 - 7$）$\times 7 \div 7 = 7$"才对。

师：这位同学补充得很好！不知道同学们有没有发现，这位同学在列等量关系式的时候其实就是在用数字加符号的方式简洁地将这段数学诗表示出来。这位同学会了，那你们会吗？

生齐：会。

师：等量关系写出来之后，接下来就是列方程和解方程了。

生 1：列方程很简单，只要把鸡的只数设为 x，代进去就可以了，（x $+ 7 - 7$）$\times 7 - 7 = 7$，就是解方程比较麻烦一些。

生 2：其实也不麻烦，只要一层一层剥开就可以了。（x $+ 7 - 7$）$\times 7 \div 7 \times 7 = 7 \times 7$，（x $+ 7 - 7$）$\times 7 = 49$，（x $+ 7 - 7$）$\times 7 \div 7 = 49 \div 7$，x $+ 7 - 7 = 7$，x $+ 7 - 7 + 7 = 7 + 7$，x $+ 7 = 14$，x $+ 7 - 7 = 14 - 7$，x $= 7$。

教师出示计算过程（图 5-9）：

$$(x+7-7)\times 7\div 7\times 7=7\times 7$$
$$(x+7-7)\times 7=49$$
$$(x+7-7)\times 7\div 7=49\div 7$$
$$x+7-7=7$$
$$x+7-7+7=7+7$$
$$x+7=14$$
$$x+7-7=14-7$$
$$x=7$$

图 5-9

生 3：我有更简便的方法，（x + 7 - 7）× 7÷7 = 7，左边的算式，我们可以先算括号里边的，括号里面的"+ 7 - 7"正好抵消掉，而小括号外正好是"× 7÷7"，也可以约掉，这样左边就只剩下一个 x 了，而右边是 7，所以 x = 7。

教师出示计算过程（图 5-10）：

$$(x+7-7)\times 7\div 7=7$$
$$(x+0)\times(7\div 7)=7$$
$$x\times 1=7$$
$$x=7$$

图 5-10

师：同学们，你们觉得这位同学说得怎样？

全班鼓掌！

师：看来要解决一些比较复杂的数学问题用方程会更简单一些，那接下来我们就用方程的方法来解决诗中的数学问题。

【说明：诗和数学都是非常迷人的，将两者结合起来，给课堂增添了别样的风采。新课标也指出，学生的数学学习内容应当是现实的，有意义的，富有挑战性的[①]。因此，在教学中教师要善于创设一些贴近学生生活现实的数学情境，将教学内容与学生的生活现实相嵌合，以此来吸引学生的注意力，激发学习兴趣。】

3. 深入研究，提炼方法

教师出示第一首诗：

---

① 翁日尔. 小学数学跨学科融合的实践与思考 [J]. 小学数学教育，2022（Z1）：39-40.

　　几个老人去赶集，半路买了一堆梨；一人一个多一个，一人两个少两个。究竟有几个老人？几个梨？

　　师：你们能用方程解决这个问题吗？等量关系又应该怎么写呢？

　　生 1：老人的人数 × 1 + 1 = 老人的人数 × 2 − 2。

　　师：等量关系列出来了，那你们是怎么解决这个问题的呢？

　　生 2：我也是这样想的，设老人的人数为 x，则梨的个数为（x + 1），方程是 x + 1 = 2x − 2。但是两边都有 x，解方程好像有点麻烦，要想办法把一边的 x 去掉。

　　生 3：那就把 x 去掉好了，像这样就可以了，x + 1 − x = 2x − 2 − x，1 = x − 2，1 + 2 = x − 2 + 2，3 = x，即 x = 3，这是老人的人数。x + 1 = 3 + 1 = 4，这是梨的个数。

　　教师出示计算过程（图 5-11）：

$$x + 1 - x = 2x - 2 - x$$
$$1 = x - 2$$
$$1 + 2 = x - 2 + 2$$
$$3 = x$$
$$老人：x = 3$$
$$梨：x + 1 = 3 + 1 = 4$$

图 5-11

　　师：和同学们所说的一样，如果方程两边都含有未知数 x，那就要想办法把未知数 x 放到一边，这样才更方便解方程。这本来应该是初中学习的知识，但是我们现在根据等式的性质就可以解决问题了。

　　师：那还有同学有其他的想法吗？

　　生 4：我有不同的解法，等量关系还可以写成这样：梨的个数 + 2 = 2 × 老人的人数。根据题意：一人一个多一个，说明老人的人数比梨少一个，因此可以设梨的个数为 x，则老人的人数为（x − 1），那方程是 x + 2 = 2（x − 1），x + 2 = 2x − 2，x + 2 − x = 2x − 2 − x，2 = x − 2，2 + 2 − x − 2 + 2，4 = x，即 x = 4，这是梨的个数，而老人的人数是：x − 1　4 − 1 = 3。

　　教师出示计算过程（图 5-12）：

$$x + 2 = 2（x - 1）$$
$$x + 2 = 2x - 2$$
$$x + 2 - x = 2x - 2 - x$$
$$2 = x - 2$$
$$2 + 2 = x - 2 + 2$$
$$4 = x$$

梨：$x = 4$

老人：$x - 1 = 4 - 1 = 3$

图 5-12

师：你们真的是太棒了，居然想到了两种解题方法，而这两种方法也都很好！看来列方程解决问题也有多种方法，可以设老人的人数为 x，也可以设梨的个数为 x，虽然它们依据的等量关系不一样，但它们的结果都是一样的。

教师出示第二首诗：

只闻隔壁客分银，不知人数不知银，四两一份多四两，半斤一份少半斤。试问各位能算者，多少客人多少银？

师：这首是古代的诗，在当时，1 斤 = 16 两。你们能看出诗里面的数学问题吗？有哪位同学可以用我们现在的话翻译一下，这首诗所说的数学问题是什么？

生 1：隔壁有客人在分银，不知道有多少人也不知道有多少银，每人每份按四两分则多出四两，每人每份按八两分则少八两。

师：知道题目表达的意思之后，根据题意又该怎么列出等量关系呢？

生 2：其实跟上题差不多，人数 × 4 + 4 = 人数 × 8 - 8。设人数为 x，则银有（$4x + 4$）两，方程是 $4x + 4 = 8x - 8$。与上题的解法一样，解得 $x = 3$，$4x + 4 = 4 × 3 + 4 = 16$。所以，有 3 位客人，16 两银。

生 3：我也是用方程解的，但是计算银的数量的方法不一样，我设为（$8x - 8$）两，算出的结果 $8x - 8 = 8 × 3 - 8 = 16$。结果是一样的。

生 4：他们算对了，我是用算术方法验证的，（$8 + 4$）÷（$8 - 4$）= 3（两），$3 × 4 + 4 = 16$（两）。两次分银一次多 4 两，一次少 8 两，则相差 $8 + 4 = 12$（两），而两次分银的数量一次分 4 两，一次分 8 两，相差 4 两，所以 $12 ÷ 4 = 3$（人）。所以客人有 3 位，银有 16 两。

师：同学们用不同的方法解决了这个问题，我们看前两种用方程解的方法有什么相同和不同的地方？

生1：相同的是它们的结果都是一样的。

生2：它们依据的等量关系是一样的。

生3：列出的方程是一样的。

师：那它们不同的地方是？

生：算银的数量的方法不一样。

师：有人说，方程是用数学的语言说两个相同的故事。更具体地说，方程描述的是现实世界中与数量有关的两个故事，其中用字母表示未知的量；而这两个故事有一个共同点，而这个共同点就好比一个天平（教师出示图5-13），在这个天平上两个故事的数量相等。所以，这两位同学在算银的数量的时候，前一位同学用的是左边的故事，后一位同学用的是右边的故事。

图5-13　天平

【说明：注重方程，降低解题难度。在"算术"和"方程"两种方法的比较中，教师没有刻意用语言去引导和强调，而是让学生在具体问题的解决中，体会列方程解题的优势以及需要注意的地方。虽然有些题目可以归结为"盈亏问题"来解决，或者说都可以用算术方法来解决，而且看起来算术方法在计算上要简单一些，但是很难找到解题的方法。而方程是将未知量用未知数代替参与运算，即用算式表示题中的等量信息。因此，通过几个题目的练习，可以让学生体验到解决需要逆向思考的问题时用方程方法的优势。】

4. 进行比较，突出优势

师：通过刚才对两首诗中数学问题的解决，你们觉得用方程解题有什么优势？

生1：像这些比较难解决的题目，用算术方法做会比较难解决，而用方程则比较容易。

生 2：对，方程就是用算式来表示一段话的数学信息，然后未知数就用 x 来代替，这样比较方便，但解方程比较麻烦一些。

生 3：就像老师说的，用算式讲两边相等的故事，未知的用未知数代替就可以了。

师：同学们都说得非常好！方程的优势就在于未知的信息，可以用未知数代替参与运算，大大降低了解题的难度。那么，根据我们之前学过的知识，列方程解决问题的时候我们要特别注意什么呢？

生 1：首先要读懂题目！分析数学诗中的数量关系，找出等量关系，然后列出方程。

生 2：我要补充，还要确定设谁为 x，特别是有两个问题的题目。

生 3：我也要补充！最后求出未知数 x 后还要对其进行检验，把 x 代入原方程，看是否符合。

师：说得好！看来同学们对方程的知识都掌握得很牢固！根据教科书 75 页，我们可以知道，解方程有三个步骤。下面我们带着这些要注意的地方，再通过列方程来解决数学诗中的几个问题。

教师出示苏教版《数学》五年级上册第 9 页的情景图（图 5-14）

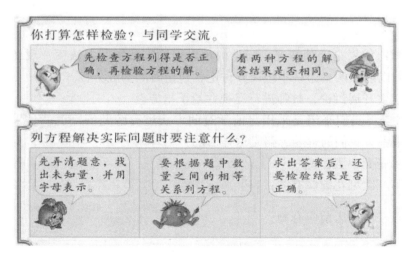

图 5-14　苏教版《数学》五年级上册第 9 页情景图

【说明：在建模的过程中，要与算术方法的模型进行比较，学生通过不断的比较、感悟、讨论得出，方程问题与算术问题的区别与联系，此时建模，已经水到渠成，从用算术方法解决问题到列方程解决问题的过程，体现了学生思维方式发生变化的过程，表现了学生思维能力质的飞跃，有效地促进了学生高阶思维能力的发展；同时通过不断地对比和比较，得出解方程问题的一般方法。所以课堂教给学生的不仅仅是知识，更多的应该是教给学生研究数学的方法。】

5. 拓展练习，提升能力

师：经过刚才的学习，老师发现同学都表现得很棒，都能成功解决老师出示的题目，老师感到有点挫败，出的题目都难不倒你们，于是我打算再出示一道有难度的题，看看同学们是否还像刚才那样都能成功解决，完成老师给的挑战。

老师边说边在多媒体上出示数学诗：

李白无事街上走，提着酒壶去买酒。遇店加一倍，见花喝一斗，三遇店和花，喝光壶中酒。试问壶中原有多少酒？

师：你们能看懂吗？

生齐：能。

师：看到题目，你们有什么想法，可以说说吗？

生1：最后肯定是遇到花，因为他喝光了壶中的酒。

生2：李白先生遇到店和花的顺序可能是：店，花，店，花，店，花。

师：有没有这种可能？

生齐：有。

师：如果是这种情况，同学们可以想到哪些解题办法呢？现在就请同学们以前后两桌为一小组展开讨论，讨论时间为五分钟。

学生开展讨论，教师进行巡视并给予指导。

生1：我们小组是采用之前学过的方法进行解题的，也就是采用逆推法来做。我们的解题思路是这样子的：

喝光壶中酒：0。

第三次见花前应有酒：1斗。

第三次遇店前应有酒：$\frac{1}{2}$斗。

第二次见花前应有酒：$(\frac{1}{2}+1)$斗。

第二次遇店前应有酒：$\frac{1}{2}\times(\frac{1}{2}+1)$斗。

第一次见花前应有酒：$[\frac{1}{2}\times(\frac{1}{2}+1)+1]$斗。

第一次遇店前应有酒：$\frac{1}{2} \times [\frac{1}{2} \times (\frac{1}{2}+1)+1]$ 斗，此即壶里原有的酒。

解：$\frac{1}{2} \times [\frac{1}{2} \times (\frac{1}{2}+1)+1] = \frac{7}{8}$（斗）。

教师出示计算过程（图5-15）：

$$
\begin{aligned}
&\frac{1}{2} \times \left[\frac{1}{2} \times \left(\frac{1}{2}+1\right)+1\right] \\
&= \frac{1}{2} \times \left(\frac{1}{2} \times \frac{3}{2}+1\right) \\
&= \frac{1}{2} \times \left(\frac{3}{4}+1\right) \\
&= \frac{1}{2} \times \frac{7}{4} \\
&= \frac{7}{8}（斗）
\end{aligned}
$$

图 5-15

师：这个小组是用逆推法解决的，那么用方程又应该怎么解答呢？哪位同学可以分享一下你们小组的解题方法。

生1：可以把遇到一次店和花看成一组，这样就有三组。

生2：但是等量关系式好像比较难写，而且我觉得应该设壶中原有 x 斗酒。

师：一遇到店和花，该怎么表示？

生：$2x - 1$，因为先加一倍，再减1。

师：二遇和三遇店和花又分别怎么表示呢？

生1：二遇可以这样表示：$2(2x-1)-1$；三遇可以这样表示：$2[2(2x-1)-1]-1=0$。

生2：这样解得 $x = \frac{7}{8}$。

教师出示计算过程（图5-16）：

师：同学们太厉害了。这么复杂的问题都解决了，但是我们只考虑一种情况：店，花，店，花，店，花。同学们，你们还能想到其他不同的情况吗？

生1：店，花，店，店，花，花也可以。

生2：花，店，花，店，店，花也可以。

师：如果是这两种情况又该怎么解答呢？请同学们课后去探索。

$$2[2(2x-1)-1]-1=0$$
$$2[2(2x-1)-1]-1+1=0+1$$
$$2(4x-2-1)=1$$
$$2(4x-3)=1$$
$$8x-6=1$$
$$8x-6+6=1+6$$
$$8x=7$$
$$x=\frac{7}{8}$$

图 5-16

【说明：在教学过程中有意识、有目的地给予学生时间和空间，让学生对学习内容展开大胆的探究，在观察、操作、交流、计算、推理、验证等学习活动中发现问题、提出问题、寻求解决问题的策略，从而获得成功的体验，培养学生的思维能力。因此，在学生解决"李白买酒"的问题时，结合前面的解题经验，放手让学生独立解决，让学生畅所欲言。有的学生采用逆推法来解决，有的学生采用列方程来解决。老师对这两种方法逐一进行肯定，并在比较中进行优化。通过自主探索，学生对所学知识的印象更加深刻，在学习活动中，既提高了与他人合作交流、共同学习的能力、锻炼了表达与交流的能力，又获得了广泛的数学学习经验。】

6.研究诗中的数学歌诀，巧记数学知识

师：老师想问问同学们，你们在考试前复习数学的时候会遇到哪些困难呢？

生1：我觉得数学知识好难记啊，太多了！

生2：我也是这么觉得，有些知识点好容易弄混，老是分不清。

生3：赞同。

师：其实啊，不止你们有这个困扰，古人也有，为此，他们想了很多简便的办法去记住这些数学知识，知识歌诀就是其中的一种，数学歌诀也是中国数学的一种表达方式，是数学内容和诗歌相结合的结果，古人认为，采用数学诗歌、数学歌诀的形式可以更有利于人们牢固记忆的抽象的数学知识，因此他们编纂了大量蕴含数学知识和数学问题的数学诗歌和数学歌诀，而我国以诗歌的形式进行数学撰述开始于南宋著名数

学家杨辉，在他的诗中，主要包括三类，一类是计算歌诀，如一些斤两的换算口诀，一类是用诗歌概括一类算法的内容和计算法则，最后一类是用诗句表达提问，就像刚刚我们学习的方程问题。在这里，我找到了数学家杨辉在他的著作《日用算法》编造的"斤价求两价"的数学歌诀。

教师在课件上出示歌诀：

一求，隔位六二五；二求，退位一二五；三求，一八七五记；四求，改曰二十五。五求，三一二五是；六求，两价三七五；七求，四三七五置；八求，转身变作五。

师：意思就是一两等于 0.0625 斤，二两等于 0.125 斤，三两等于 0.1875 斤，……八两等于 0.5 斤。所以有句成语"半斤八两"。

生 1：古代的数学家也太厉害了！这些歌诀表达了古人的智慧！

生 2：这些歌诀读起来押韵、生动、有节奏，很快就能记住数学知识了！真方便啊！

师：其实啊，除了古代的数学家很有智慧，当代的数学老师们也很有智慧哈哈，老师这里就找了一些老师们编程的数学歌诀，现在请同学们大声朗读一遍。

教师在课件上出示以下歌诀。

（一）列方程解应用题

> 列方程解应用题，抓住关键去分析。
> 已知条件换成数，未知条件换字母。
> 找齐相关代数式，连接起来读一读。

（二）一般应用题解答步骤

> 应用题解并不难，弄清题意是关键。
> 先从已知条件想，再往所求问题看。
> 也可逆向去思考，综合分析作判断。
> 画图可帮理思路，以此推导不出偏。
> 先算后算有次序，列出算式细心算。
> 算出结果要检验，最后莫忘写答案。

（三）分数乘整数

> 分数乘整数，计算很简单；
> 分子乘整数，分母不用变；

> 计算想简便，约分要在先；
>
> 结果要想准，分数化最简。

师：读完有什么感觉？

生：通俗生动，朗朗上口，这下我们就能很快记住数学知识了。

生：深入浅出，省时易记，对我们学习数学太有帮助啦！

师：如果对古代的数学歌诀感兴趣的同学，可以课后去查阅相关的资料，除了著名数学家杨辉编纂了数学诗歌，每个朝代都有著名的数学家编纂了大量的数学诗，这些宝贵的知识财富正等着同学们进一步挖掘呢！

【说明：在数学知识的教学中，教师应该多教给学生学习的方法，而不是一味地强调死记硬背。但如果对于一些要求学生有意识地并且不能混淆记住的规则性知识，就要帮助找到省时易记的方法。利用知识歌诀教学不仅简明扼要，而且深入浅出地讲解书本知识，大大节省了教学时间，总之，在课堂教学的适当环节穿插知识歌诀，不仅能活跃课堂气氛，还能让学生愉快地学习，有利于提高课堂教学效率，而学生在学习知识歌诀的过程中能感受到数学诗歌美，不自觉地接受诗歌的熏陶，同时数学歌诀也反映了我国古代数学家浪漫的艺术气息】

（四）全课总结，布置作业

1. 学生说收获，教师做总结

师：通过这节课的学习，你们有什么收获？

生说收获。

师总结：平时，我们学习古诗词都是从语文的角度出发，以语文的视角去欣赏、去领略诗、词文化的价值和魅力，而今天，我们从数学的角度出发，去欣赏诗、词神奇之处与趣味之处。我们不仅欣赏了诗、词的艺术魅力，同时，我们在从数学诗中提取数学信息过程中也体验到了数学的有趣之处，掌握了解决数学诗问题的方法与技巧，体会到了数学应用的广泛性。希望在今后的学习和生活中，同学们养成细心观察，独立思考的学习习惯，善于从生活中用数学的眼光观察世界、用数学的方法分析问题，让现实问题数学化，从而发现更多的有趣的、神奇的数学知识。

2. 布置作业

（1）根据"李白买酒"问题的另外两种情况，算出壶中原有多少酒。

（2）制作知识小卡片。把今天学习的知识，记录在小卡片上，下节课和同学们介绍你所制作的。内容可以是你感兴趣的有关长度单位的成语、数学诗中的数学问题以及知识歌诀，不局限于本节课所学的，还可以课后去搜集相关的内容。

【说明：知识入诗、入词，创设材料性情境，既考查学生的诗、词素养，又考查学生对数学信息的处理能力，还考查了学习的过程和方法。这不仅有利于密切数学与语文学科之间的联系，加强数学与其他学科的融合，还有利于提高学生的文学修养，增强学生对数学的兴趣，拓宽视野和知识面，有助于素质教育的落实。】

（五）评价设计

本次教学采用多维度、多主体、多形式的评价方式，由学生和教师共同填写完成教学质量评价表（表5-5）。

表5-5　教学质量评价表

评价项目		评价要素	分值	得分
生评	学习态度（10分）	（1）学习兴趣浓厚、积极主动参与	5	
		（2）有明确具体的知识、技能和情感等学习目标	5	
	学习过程（10分）	（1）能够采用独立思考、小组合作的方式解决问题	5	
		（2）有意识地运用数学的思想或方法解决问题	5	
	知识掌握（10分）	（1）在数学问题解决过程中，获得成功的体验	5	
		（2）了解一些古代长度计量的单位以及数学歌诀，会解一些复杂的方程问题	5	
师评	参与广度（5分）	学生学习积极主动，注意力集中，参与面广，有80%以上的学生主动参与教学课堂中	5	
	参与深度（10分）	（1）在合作性学习中，学生分工清楚，合作意识强，交流参与面在70%以上，小组成员能共同完成学习任务	5	
		（2）学生注意力集中，思维活跃。课堂气氛活跃，学生兴趣浓厚，参与方式多样	5	
	学习状态（10分）	（1）积极、主动发言，认真思考	5	
		（2）在学习中，学生之间能够体现互助、合作	5	

续表

评价项目		评价要素	分值	得分
师评	思维状态（10分）	（1）学生勤于思考，敢于提出问题并发表见解	5	
		（2）学生解决问题方法多样，能联系实际举一反三	5	
	学习效果（10分）	（1）理解并掌握诗、词中的数学知识和数学问题以及解方程问题的策略	5	
		（2）能够经历信息的提炼、分析、符号化等过程，体验数学与诗歌和成语之间密切的联系，感悟数学的价值和魅力	5	
小组收获		在学习中遇到了什么问题？我们是如何解决的？（10分）我们在合作中解决了什么问题？从中得到了哪些收获？（10分）在各小组的分享交流中，我们得到了哪些收获？（5分）	得分	

【说明：教学评价考查的主要目的是促进学生个人和小组的共同进步。教学评价不仅要能够激励学生学习，还要能够反映学生的合作学习成果。本案例采用多元的评价主体和多样的评价方式，可以师评，也可自评。此外，学生还可以通过小组合作的学习表现进行自我反思和总结，鼓励学生自我监控学习的过程和结果。】

四、实施要点

（一）学习方式要多样

基于建构主义以学习者为中心的认知理论，学生是主动将外部信息有选择、有意义的进行加工和处理的建构者，而教师是促进学生进行意义建构的引导者与合作者①。教学中要积极倡导合作学习、探究学习、深度学习以及个性化学习，充分发挥学生学习的主体性，通过调动学生已有的学习经验和生活经验，对问题进行理解和解释。学生通过开展自主学习、合作学习、探究学习等多种学习方式，从不同的角度探索诗、词中所包含的数学知识和数学问题。在数学成语的学习环节中，教师没有

① 徐涵.项目教学的理论基础、基本特征及对教师的要求 [J].职教论坛，2007（11）：35.

直接出示成语的意义，而是通过让学生采用自主动手搜查词典、玩游戏以及小组合作等方式学习成语的意义以及其蕴含的有关长度计量的单位，感受长度单位中的数学文化。而在知识歌诀教学环节，通过将数学知识或方法编成歌诀的形式，可以将一些复杂的数学知识和方法化繁为简，化难为易，化枯燥为生动，有效地帮助学生理解和掌握知识点。此外，通过研究数学诗中的知识歌诀，让学生体会将数学知识以押韵、整齐、朗朗上口的形式编成歌诀的好处，掌握省时易记的记忆方法，改变以往单一的死记硬背的记忆方法，教会学生多样的学习方法，要充分发挥每一种学习方式的育人作用，促进学生在数学活动中发展数学核心素养。

（二）内容选择要适切

教学内容要依据学生的已有经验和认识水平，选择通俗易懂，但又富有艺术魅力和趣味性的成语和古诗，要对庞杂的诗、词要进行认真的甄别，选取那些和教材内容有密切联系，能对教材起到注解、补充、深化的"点睛"之句，融入教学中，才能收到预期的效果①。数学相对其他学科来说，比较枯燥。再者，现有的数学教材中体现数学文化的也不多。而本课将数学诗、数学成语引入课堂，不但激发了学生的学习兴趣，还渗透了数学文化。同时，培养了学生从诗歌中提炼数学信息和数学问题的能力，可谓是知识、文化交融在一起，在课中并肩前行；让同学们认识到用方程解决稍复杂的问题时，更能体现其优越性，而学生用列方程的方法解决诗中的数学问题，兴趣盎然。本课对收集到的数学诗进行了排列，引导学生逐步研究、拾级而上，最终解决较复杂的问题，建立数学模型。对于逆向思维问题的呈现，从简单求鸡的只数开始，慢慢引向较复杂的"隔壁分银"问题，直至复杂的"李白买酒"问题。虽然难度最大，但是由于前面的层层铺垫，因此学生解决起来并不困难。这样的设计每一层都是在原来的层次上拔高，由简入难，都是在学生的最近发展区范围之内，对学生而言富有挑战且遵循了学生的认知规律。

（三）数学思维要发展

数学思维要求学生在面对生活中的问题或者其他学科问题时能够从中抽象出数学问题，用数学的方式将其形象化，形成数学的运算，这是数学学习特有的思维，对促进学生数学核心素养的发展具有重要作用。

---

① 陈山林.探析新课标下中国历史"诗语言"的辅助教学 [J].新课程学习（中），2011（03）：123.

而学生数学思维的培养，需要借助一定的情境，只有在一定的情境中，学生才能够全身心地投入数学学习中，训练自己的思维①。所以在本课的教学中，需要适当地为学生创设学习情境，让学生调动已有的知识经验，发现数学诗中的数学问题，引导学生进行合作交流、实践探究、解决问题，并且通过设置一些"分梨""隔壁分银""李白买酒"等生活问题，来让学生运用数学思维解决，以此来培养学生的数学思维能力。此外，由于学生的思考角度不同，他们使用的方法也不一样。因此，教师应当尊重学生的个性化学习，鼓励学生独立思考，采用多样化的解题方法。当然，在提倡解题策略多样化的同时，还应帮助学生进行思维优化，而不是停留于对于不同方法在数量上的片面追求②。本课通过对算术方法和列方程两种方法进行对比、分析来帮助学生在解题策略优化中建立数学模型，让学生学会依据不同的情况灵活地去选择最优的方法去解决问题，培养学生的高阶思维。

---

① 朱阳金.试论小学数学教学中学生数学思维能力的培养 [J].教育教学论坛，2012（40）：102-103.

② 郑毓信.数学思维与小学数学教学 [J].课程.教材.教法，2004（04）：28-32.

参考文献

[1] 陈山林. 探析新课标下中国历史"诗语言"的辅助教学 [J]. 新课程学习（中），2011（03）：123.

[2] 陈真真. 深入挖掘数学文本提升数学育人价值——以《时、分、秒》的教学为例 [J]. 福建教育，2017（45）：51-52.

[3] 刘健宸. 太空悬梯之旅 [J]. 科学启蒙，2020（08）：46.

[4] 孟红.《打靶归来》创作背后的故事 [J]. 党史文苑，2018（08）：45-47.

[5] 倪中华. 芬兰的"现象教学"：基于跨学科理念的项目式学习 [J]. 上海教育，2021（24）：70-71.

[6] 王春玉. 小学语文跨学科教学实践探索——以"面面俱到"课程为例 [J]. 中小学信息技术教育，2021（06）：70-71.

[7] 翁日尔. 小学数学跨学科融合的实践与思考 [J]. 小学数学教育，2022（Z1）：39-40.

[8] 徐涵. 项目教学的理论基础、基本特征及对教师的要求 [J]. 职教论坛，2007（11）：35.

[9] 许颖. 小学高年级学生语文学习品质的现状及培养策略研究 [D]. 长春：吉林外国语大学，2021：54.

[10] 赵艳. 对教学用语应精确解读——以"认识时、分、秒"为例 [J]. 小学教学参考，2017（26）：26.

[11] 郑颖. 成语典故中的度量衡（八）[J]. 中国计量，2017（02）：64.

[12] 郑颖. 成语典故中的度量衡（九）[J]. 中国计量，2017（03）：62.

[13] 郑颖. 成语典故中的度量衡（十四）[J]. 中国计量，2019（02）：84.

[14] 郑毓信. 数学思维与小学数学教学 [J]. 课程. 教材. 教法，2004（04）：28-32.

[15] 中华人民共和国教育部. 教育部关于印发《完善中华优秀传统文

化教育指导纲要》的通知 [Z]，2014.

[16] 中华人民共和国教育部 . 义务教育数学课程标准：2022 年版 [M]. 北京：北京师范大学出版社，2022.

[17] 中华人民共和国教育部 . 义务教育语文课程标准：2022 年版 [M]. 北京：北京师范大学出版社，2022.

[18] 朱阳金 . 试论小学数学教学中学生数学思维能力的培养 [J]. 教育教学论坛，2012（40）：102-103.